酒店实习之悟与道

姜琴君◎主编

北京·旅游教育出版社

策　　划：李荣强
责任编辑：李荣强

图书在版编目（CIP）数据

酒店实习之悟与道 / 姜琴君主编. -- 北京 ：旅游教育出版社，2020.8
ISBN 978-7-5637-4132-8

Ⅰ. ①酒… Ⅱ. ①姜… Ⅲ. ①饭店－商业企业管理－文集 Ⅳ. ①F719.2-53

中国版本图书馆CIP数据核字(2020)第135708号

酒店实习之悟与道

姜琴君　主编

出版单位	旅游教育出版社
地　　址	北京市朝阳区定福庄南里 1 号
邮　　编	100024
发行电话	（010）65778403　65728372　65767462（传真）
本社网址	www.tepcb.com
E - mail	tepfx@163.com
排版单位	北京旅教文化传播有限公司
印刷单位	北京玺诚印务有限公司
经销单位	新华书店
开　　本	710 毫米 × 1000 毫米　1/16
印　　张	14.75
字　　数	170 千字
版　　次	2020 年 8 月第 1 版
印　　次	2020 年 8 月第 1 次印刷
定　　价	49.00 元

（图书如有装订差错请与发行部联系）

编委会名单

主　编　姜琴君

副主编　林　荫　周秋巧

编　委　汤蓉岚　李跃军　郑　瑛
　　　　林智理　李欠强　耿继祥

前言

李嘉诚曾说过："人第一要有志，第二要有识，第三要有恒。"在追求人生成就的过程中，要学习李嘉诚"建立自我，追求无我"的精神，完善自我人生发展规划，永远坚持不要松懈，实现人生的价值与目标。本书以此为导向，以台州学院商学院旅游管理专业学生近年来在酒店顶岗实习过程中撰写的案例、感悟与研究报告为基础整理而成。

台州学院是一所地方性本科高等院校，重视应用型人才培养。旅游管理专业是商学院6个本科专业之一，采用3+0.5+0.5人才培养模式，逐步提高学生的实际操作和运用能力。顶岗实习安排在第五学期，实习时间为6个月（7月15日～次年1月15日），由学院统一安排学生在浙江三立开元名都大酒店、浙江世贸君澜大饭店、浙江维景国际大酒店、杭州索菲特西湖大酒店、杭州歌德大酒店、杭州开元森泊乐园和台州开元大酒店等单位实习。

本书共17篇感悟、86篇案例、12篇研究报告，分为实习感悟篇、实习案例篇、实习思考篇三个部分。其中，实习感悟篇侧重实习结束后重新审视时的心得；实习案例篇由前厅部、餐饮部、客房部与其他四个部分组成，包括实习过程、分析与思考；实习思考篇由培训视角、营销视角、服务视角、管理视角与发展视角组成。本书不仅从多层面、多角度记录了酒店技能的学习过程与心理动态，更重视实习之道的体悟，注重综合能力的提升。本书在选择案例、感悟及研究报告时注重原创性、针对性、实用性，以期为酒店管理者、酒店新入职者及实习生等提供借鉴与参考。

姜琴君
2020年8月

目 录

第一篇　实习感悟篇

第二篇　实习案例篇

第三篇　实习思考篇

|第一篇|

实习感悟篇

一封学姐的来信

俞亚萍

岁月流逝，转眼间已毕业一年了。回首在学校的四年里，我哭过、笑过、疯狂过、任性过，但觉得这才是青春该有的样子。离开校园跨入社会需要变得成熟、干练，需要妥善处理工作带来的考验，协调各部门运营，服务好每位客户，但这些绝非是当年作为一个学生的我能够独立应对的，因此，要感谢当时我所选择的旅游管理专业，感谢学校安排的那场实习，那是一场实打实的社会入门级考试，为我们摘去了学生的帽子。我经历了早班，学习面对面服务入住的客户；也经历了中班，给我打下了扎实的基础。

记得面试目前这份健身房前台工作时，我受到面试人的质疑。他在微信里问我："你多高多重？之前有过经验吗？我们虽然是新公司，但是对人的长相还是有要求的。"后来我回答他："等我过来面试就知道符不符合你们的要求，下午见。"当时我心里暗下决定，就算面试通过也不会在这样的公司上班，还会找不到其他工作吗？实际上，当时我在台州百泰网络科技有限公司也面试成功，成为他们的管培生，但就因为当时身上不服输的那股劲，我与现在的公司开始了较劲。结果，面试很成功，但绝不是因为我符合了所谓的要求或是标准，而是因为我是台州学院应届生，有过实习经验，身上有着来自台州学院的自信与力量。我于 2019 年 1 月 26 日入职，3 月 15 日升为运营主管，7 月 24 日被调往宁波余姚升为运营经理，掌管三家店的运营。如果我不是台州学院毕业生，如果没有实习积累的经验，没有台州学院给自己身上留下的那股自信和实习，没有当初身上那股初生牛犊不怕虎的闯劲，结果肯定会与现在大为不同。

现在回想起来，最轻松自由的生活还是在学校里。在学校里没有任何烦恼和压力，父母与老师为我们撑起大半边天空，但我们不可能永远在他们的庇佑下生活。实习只是他们必须慢慢松手的第一步，也是我们独立面对社会跨出的第一步。加油吧，学弟学妹们！学姐相信学习和实习相辅相成，加上个人努力碰撞出来的火花绝对是最绚烂的！

因为实习，我走得更远

赵怡颖

四年后的今天，我在意大利佛罗伦萨中文学校进行为期一年的研究生实习。回忆起四年前的酒店实习，不由得感慨万千。

虽然在大四时我选择跨专业考研，离开了旅游管理专业，进入汉语国际教育领域，但是，在本科阶段的所学、所习、所感、所悟都是我这一生宝贵的财富。从一开始忐忑不安地准备酒店的实习面试与报到，到经历两个岗位的实习生活，大三为期六个月的实习是我走出象牙塔步入社会的开端。虽然这半年的实习生活充满着酸甜苦辣，但让我从中学到很多知识，积累了不少社会经验。

在忙碌的工作中，轻伤不下火线，让我在之后的考研备考中能长时间地坚持下来；在酒店对客接待的过程中，处理各种突发状况，让我在之后的研究生复试中有着良好的心理素质和临场应变能力；在酒店实习中与上级领导、同事的沟通中学到许多交流技巧，这与我现在的教师岗位所需要的交流沟通技能有着异曲同工之处，使我在现在的岗位上与校长、同事、学生、家长之间的沟通能游刃有余。同时，学习旅管专业期间对于旅游行业的理解，使我在带领美国朋友游历中国山川或自己旅行欧洲时能更好地选择旅游产品，对当地的历史文化、民俗风情产生更深刻的印象和更深层的思考。

在酒店实习之前就一直有考研的想法，在酒店实习后遇到了太多优秀的同事：在新西兰留学多年的 Howard、在英国读酒店管理的西班牙管培生 Sol、来自新加坡的宾客关系主任 Yuna……看多了别人的优秀，也想让自己变成像他们一样优秀的人。酒店实习让我明白了什么是自己真正想要的。在面对“温水煮青蛙”的生活时，是选择在安逸中度过，还是奋起一跃逃离舒适圈。

我作为一名资深的知乎用户，曾经在知乎上回答过一些关于酒店实习、考研准备、学习和职业生涯规划问题，还回答过台州学院许多学弟学妹在大三或大四时遇到的问题，我看到大多数人都是迷茫、焦虑和无所适从的。我认为这个时候可以先踏踏实实地做着当前的工作，并且尝试不同的事务，寻找自己的兴趣点和方向，一旦找到了，就朝着这个目标一直努力。我想你会获得成功的，因为努力的人运气不会太差。

虽然离校多年，但时刻关注着台州学院，关注着台州学院商学院。我看到 2016 级国贸专业的学弟谱写自己的说唱单曲，看到 2015 级财务管理的学弟高分考上会计学硕士研究生，看到考研人数正在逐年递增。最后，老学姐以自己的座右铭与大家共勉：“坚持一件事情：一是因为喜欢，二是因为不甘心。”希望我们都能永远年轻。

你是那片独一无二的树叶

左冰琰

即使已经过去了四年时间，即使我的实习时间只有一个月，这种实习体验带给我的思考依然延续至今，甚至持续不断地引导着我现在的工作思维、工作方式。我一直在回顾，在实习的那一个月里学到了什么？在并没有从事酒店行业的现在，仍旧留下了什么？如何去适应新环境？怎么剥离自己的学生身份，以同样的标准去要求自己？还是转变心态，以一个“服务提供者”的身份去接触、了解、认知新事物？接下来从以下几个方面谈谈。

一、忘记自己是“新人”，忘记自己是学生

可能是被家庭、学校保护得太好，在刚刚进入新环境后，我总是有点蹑手蹑脚，不敢问、不敢做、不敢想。实际上，在进入新单位后，你的领导、同事对你的观察已经开始，他们不会等你的“适应期”过去后再进行评判，更可怕的是一旦第一印象形成后再去改变、再去逆转，可能要花费几倍的时间和努力。因此，要忘记自己是学生，不懂就问，放手去做，与老员工们一起去努力、去竞争。

二、学会“学习”，忘掉课堂知识

在实习过程中，我发现企业为了效率考量，有时候操作标准未必能有课堂的那么完整。因此，请忘掉它们，以实际为准。同时，也发现会有很多细节在课堂上根本没有学习过。不要害怕，积极去学。没有一种知识、一种操作流程是永不过时的，但怎么迅速消化新的东西、怎么学会“学习”也是现在作为老师的我每天的必修课。

三、摔跤的意义是为了学会站起来

“你知道摔跤有什么价值吗？是为了让我们学会站起来。”这句话是我说给现在的学生听的。他们作为职高学生有很多需要改变的坏习惯，有很多我不能理解的想法，有时候会让我很气馁、很绝望。但是，在一次次被他们“击倒”后，我依旧精神抖擞地走进教室，依旧一遍遍地去纠错。实际上，我们在学校遇到的挫折和烦恼很有限，但工作之后会逐渐发现，能被倾诉出来的烦恼和问题都是可以被解决的；那些述说不清的烦恼和问题会一次次地把你打翻在地。实习给了我们一扇窗，让我们预先感受将来可能遇到的问题，并给我们以指导，以时间去完善自己、改变自己。

最后，请不要胆怯，勇敢地去体验，去拥有，去感受，去进步。每个人的不同经历会让自己变成森林里独一无二的那片树叶。

坐下来，说说心里话

王　璐

从毕业到现在，在台州开元大酒店为期半年的实习生活片段在我的脑海里回放了多次。

冬日，寒风刺骨，中班下班已是晚上 11 点半，我一人在风中行走，脚底有些发麻，小腿略微酸痛，去洗个热水澡是一天辛勤工作的幸福收尾。这个时候，公共浴室的优点就凸显出来了：在我之前已有多人洗过，竟没有一丝寒意。冲个澡洗去一天的疲惫与烦躁，整个人都变得轻松惬意，再回宿舍与同学聊会儿天，此时快凌晨 1 点了。

年少但很懂事的我挑了最锻炼人的实习岗位——前台接待。别的不说，每天接触的客人是所有岗位里最多的，并且每天总会有几位外国友人，那时是展示真正本领的时候——献上我蹩脚的口语。可能因为良好的服务态度、打了鸡血一样的工作状态，楼层阿姨遇到与外宾语言不通的情况总会让我去帮忙。对我来说，被人需要的感觉是很幸福的！大多数客人都会耐心地配合我的工作。不过总会遇到极个别素质不高的客人，比如拒绝出示身份证还非要入住的，此时我告诉自己：顶住，别生气，服务态度不能下线。若是真解决不了，别硬撑，请领导帮忙不失为一种好办法，同时向领导学习解决问题的方法与技巧。如果实习工作和生活中遇到困难且无法解决时还有我们最敬爱的老师，他们一直关注着我们的成长。在此，感谢母校的老师们。

实习那段日子过得很充实，几乎每天都能接触到新事物，增长了见识，开阔了眼界。如果这半年一直在学校上课，想必成长的速度没有那么快。同一件事情，过了那个年纪再回头看，看法也许会完全相反。也许那会儿感到身心疲惫、黯然神伤，但现在看来都不是事儿。

很感谢自己在那6个月的辛勤付出，一如既往地踏实工作，这无疑是我人生中一笔宝贵的财富！今后，我依然会迈着蹒跚步子继续前行，有时坚强，有时也会迷茫；有时成熟，有时依然幼稚。

将来的我一定会感谢现在奋斗的我！这句话也同样献给正在奋斗的你们！

生活总有小插曲

冯鸽鸽

毕业一年，感触良多。年龄越大，才知求学可贵。近来才真正意识到，我已不再是少年，青春时期那些单纯的快乐已一去不返了。

想起第一次学院安排实习，那时的我饱含一颗赤子之心，却还是在第一天工作时就被折磨得落下眼泪，当时我无法想象如何过完这日复一日的 6 个月。因某些原因我不能长久站立，却被分配到西餐厅。与人事部协商也不给调换岗位，最后，是我的室友救我于水火之中，这是我与她感情的转折点。以前，我们一回宿舍便各自玩手机，后来，一进宿舍便开始吐槽工作中的各种辛酸。有了同甘共苦的人，实习也不那么难了。

说来也怪，在实习期间，我每天忙得不可开交却很少犯错，后来，做了一些轻松的活反而丢三落四。台州开元大酒店的管理制度比较成熟，但还是在执行上打了折扣，这也是我在离开酒店时给予的建议。但那时的我还是太年轻，相比后来所从事的工作，发现没有一个比台州开元大酒店的管理更有条不紊、井然有序。我逐渐明白很少犯错的原因，是因为再细微的流程都严格执行表单化管理，同时，也由于忙碌而时刻保持高度集中。

毕业后我毅然回到家乡，做着一些零散的工作。虽然在工作中难免会遇到不尽如人意的人或事，但如今离家人近一些，总感觉心安些，我身边的朋友也大致如此。或许人在迷茫的时候，家才是最好的归处吧！安逸得久了，又渐渐按捺不住。

如今的我依旧迷茫。人生的方向不是那么容易看清，理想的工作不是那么容易找寻，知道自己想要什么也未必就能有什么，但探寻的脚步不会停止。

坚持总会有收获

戚炎杰

酒店本来有两个门童的岗位，但由于有人的手受过伤，不太方便去餐厅，于是，我被调去中餐厅。因此，中餐厅传菜员是我实习前半段的岗位。

对刚接触中餐厅的我来说，传菜是一件很费体力的活。刚开始时，每天睡觉醒来胳膊疼得抬不起来，脚底板也很酸痛，心里很不是滋味，心理落差挺大的，一直想着坚持不了就打退堂鼓。咬牙坚持了两个月后，已经能轻松处理，感觉身子也壮实了不少，与小伙伴们也玩得挺好，就没再想着离开。后来主管给了一个机会，让我去当酒水员，我马上答应了。酒水员的工作相对来说比较复杂，但我觉得这份工作才是我擅长的，在学习了三四天后我就能处理大部分的事情了。我总是勤勤恳恳把事情都做好，偶尔比较忙时也会被叫去传菜，然后帮助包厢服务员一起清理包厢。总的来说，那是一次非常有意义的实习。

但是，在我从事了两年房产销售后回头再看，觉得在酒店实习更像是一场演练，它会带给你一些痛苦的回忆但不会有实质性的伤害。而在房产销售这块会有很多的诱惑，动辄几百万的房子、几万的中介费，里面充斥着各种尔虞我诈。见过兄弟姐妹争产权打官司的，见过为了利益做私单而被抓坐牢的，对同事背后插刀导致劝退的，真的防不胜防。因此，在大学生社会经验不是很多的情况下，酒店实习是一个比较不错的机会，它会成为踏板，让离开学校步入社会的年经人少吃一些苦头，积累一点自我保护经验。

致可爱的学弟学妹们

郭京飞

第一次听说要去酒店实习，内心充满了茫然。对于可爱的你们来说，这6个月确实是陌生的，可能会遇到各种奇葩的人，也可能会被同事嫌弃，还可能加班到很晚等，但你要学会自己去处理各种问题。无论你的实习期是什么样子的，它在以后的日子里都是很重要的一次经历。

但实习完成后，你们很快就面临一个问题——毕业。毕业后是选择考研？还是选择工作？是选择考公务员？还是选择继承家业？你们有6个月的时间好好审视自己。这6个月的实习会给你带来很多感悟，需要好好思考今后要过怎样的生活，去做一个成熟的选择。不然，毕业后你会更加迷茫。

在实习期里确实很累。当时我在宴会厅实习，最累的时候是早上6点上班，凌晨2点下班，第二天早上继续上班。虽然很累，但有一群可爱的小伙伴陪伴，每天还是很开心的。当然有时候也会抱怨，觉得自己是廉价劳动力。

6个月的实习无论如何都要坚持下来。努力去工作就好，不要问为什么，也不要觉得它是无意义的。你的能力支撑不起你的野心，你并不比专科甚至高职的学生优秀多少。你现在得来的本科身份，只是因为在之前你比他们努力，仅此而已。面对工作中遇到的各种问题要学会放低心态，这样你才能接受不如意的工作，这样你才会努力，努力去学习，懂得去珍惜那些你本以为很平常的东西。你们中有幸运的人会到自己心仪的企业，不过只是少数。不管你在哪儿，都要坚持下去，因为毕业了你就应该是一个成年人，首先你得生活下去，起码可以养活自己，不再依赖家里。这就是你这份工作最大的意义。记得毕业时班主任对我们说，以后一定不要放弃学习，因为学习可以使你成为一个优秀的人。

这个社会远比我们想象的要复杂得多。与现在相比，其实在实习期没有那么累。工作了才知道什么是累，什么是无奈。别把所有的事都留到毕业，因为毕业后会面对更多的问题，你要从学生身份转换到成熟的社会人，会有很多的压力。那个时候再去做选择会很被动。

这个世界需要我们自己努力去创造。愿我们都能心想事成，创造出属于我们自己的童话世界。最后，请珍惜你的大学生活吧，实习也是其中的一部分。

加油吧，你可以做得更好！

实习让我更自信

范露琳

我是2011级旅游管理专业学生，毕业于2015年6月，目前在开化县职业教育中心从事旅游服务与管理工作。回忆起大学生活，给我影响最大的是学校组织为期半年的酒店实习工作与自己到旅行社做的两年兼职导游。

当时对于学校的实习安排我不理解。导游专业的学生为什么要安排到酒店？带着这样的疑虑，我完成了半年的实习。半年的实习工作让我对酒店中餐服务有了深刻的理解，培养了服务意识；同时，也为我中餐技能摆台打下了扎实基础。后来，我在参加中等职业学校旅游教师招聘中餐技能考试中完美地诠释了实习工作，也为我在从教期间担任中餐实训课教师作了很好的铺垫。

对于实习的课程安排，提出一些建议：

一是在安排实习前，应该增加学生在校期间的实训课，从更专业、更规范的角度提升学生中餐厅或客房的实操技能；然后结合校企合作，夯实学生的理论和实训技能，提升学生知识技能的转化和应用能力。

二是对导游方向的学生来说，可以安排到景区开展实习工作，主要是做景区讲解员，而不是每学期在景区做一两天的义务导游。经过针对性训练，既可以满足导游方向学生的需求，又可以降低全陪或地接外出带团的高风险。

实习让你更成熟

廖学祥

毕业两年，甚是想念学校生活。

时间回到 2015 年的夏天，面对即将来临的酒店课程实习，终归是有点激动的，这可是我们第一份真正的社会工作。走向社会，对于大学生来说太诱人、也太新鲜。当然我们知道还会回到学校，所以，那段时间不会有迷茫，只会有期待。

实习期到来，我兴奋地独自一人提前去了杭州，逛了即将实习的酒店，看了宿舍，熟悉了周边环境，毕竟还有 9 位女生要过来，算是自愿打了前站。6 个月时间不长也不短，从兴奋到经历一些事后的哭爹喊娘再到疲惫，到最后能够熟悉并坦然应对工作。每次同学聚在一起都会相互吐槽，减减压，缓解负面情绪。慢慢地交际圈子大起来了，与部门的同事熟络了，工作开始走上正轨。实习也会趋向平淡，没有了新鲜感，有些岗位可能会产生孤独感。这段时间是比较难熬的，会怀疑自己的选择，但是，时间还是一分一秒地过去，因此，调整好心态还是很重要的，最好有个能依靠的队友或是成为别人能依靠的队友。可以适当地给自己定个小目标（不是赚它一个亿啊），为自己的实习带来一点成就感。比如我上班前会复习接待业务流程，看今天能处理多少事，能应付多大的事；也会刻意与外宾交流，展示那蹩脚的口语。一天下来，每每都是累瘫的状态，夜里回顾当日所做的事，总会有一些欣慰。等你成了师傅开始带新的实习生时，有多少经验可以分享，有多少独到的见解——那都是你自己的收获。

实与习

陈玉英

实习是现代教学常见的人才培养方式，贵在“实”与“习”，即实践与学习。对于校企对接的顶岗实习，一般都与专业相对应，旨在培养学生的职业素养。如何让实习变得更有意义，这是实习学生、学校和企业共同关注的话题。

学校安排实习岗位，在一定程度上保证了学生实习的安全性、规范性与集中性。这种模式的实习往往缺乏社会从业自主性，虽然省略了筛选和被筛选的环节，学生无须主动去了解单位的情况，无须独自应对单位的面试考核，但通常会留下面试的技巧空白。

在校企对接上，我认为有以下几点可以适当改善：

一是对接岗位的多选择性，或者对接企业尽可能提供多样性的岗位。

二是自主选择实习单位，严格实践面试环节。提前整理登记实习志愿信息，包括实习单位和岗位。在这个基础上，让学生自主联系面试，自主选择实习单位。

三是放宽学分考核，以实习单位奖惩为主、学校监督为辅，加强学生对实习酒店及职位的责任意识。

回顾大学的实习，我觉得要减少任务式操作，增加自主性实践。在实习过程中，绝不是简单地复制酒店的服务流程，日常式地记录实习日志，而是要去学习更重要的东西，一些我们真正进入社会需要的东西。

“学习人心”。毕业后进入社会工作时需要自己去打通“任督二脉”，窥探人心。每个人的想法都会不同，我们要学会捕捉同事、客户、上司的心思、脾性、喜好等。得了人心，工作自然事半功倍。

“学习自觉心”。如果我们选择进入企业，任何一个老板都不会讨厌勤奋且无须监督的员工；如果我们选择自主创业，必须对自己的事业有详细的规划，而这条路是漫长、孤独的，需要不断监督自己。

“学习创新心”。除了遵从工作规范标准外，还要有创新力。有时候，一个意想不到的新举动往往会增强客户的满意度。创新力能完成一个个看起来不可能的任务，这对未来有创业想法的伙伴至关重要。

由于企业是赢利单位，如果我们在实习最初能持有感谢之心，想必会减少许多抱怨。当然，实习单位要真正落实实习目标，不能把学生当作廉价劳动力；同时，在薪酬和福利的配比中，切不可让实习生成为弱势群体。

实习让我成长

卢　瑜

回顾整个大学时光，半年的顶岗实习绝对是浓墨重彩的一笔，现今依然让我印象深刻。记得在实习前选择酒店时，只有索菲特西湖大酒店要进行面试。面试失败了，我难过了好一阵子。现在想想挺幼稚的，因为实习最重要的是能锻炼自己。最后，我去了位于杭州城北的浙江三立开元名都大酒店。

刚到酒店，人力资源部门就给我们安排选岗。酒店主要有中餐包厢服务员、西餐厅服务员、宴会厅服务员、客房服务员、礼宾员等岗位，我觉得选一个合适的岗位特别重要，因为这也为未来职业的选择提供了一个方向。虽然酒店每个岗位的需求不一样，想选择的岗位酒店目前不一定需要，但是，在酒店岗位允许的情况下可以为自己争取一个合适的岗位。不管选择哪个岗位，我觉得最重要的是认真对待。

一开始，我加入客房部是为了选择相对安静点的工作环境。但事实上，上早班就要打扫房间，上中班则需要不停地为客人跑腿或解决各种问题。从如何铺床、清洗卫生间、摆放房间物品到联系各部门，即使刚开始有些不习惯，但是如果能用心学习，很快就会有进步。如岗前培训中举行的实习生铺床比赛，因为学校里的实操课不强，所以我很用心地练习，最后获得了第一名，这也增强了我的信心。

实习过程中千万不要眼高手低，因为有太多的东西可以学习。每天，我都会遇到形形色色的人：有在房间里把果壳和垃圾扔得到处都是的客人，也有退房后把床都铺好的客人；有理解你工作的客人，也有不分青红皂白就投诉的客人；还会遇到来自不同国家有着不同风俗的客人。在半年的实习过后，我已学会了从容面对，因为任何职业都有辛酸和美好的一面，这是实习经历的财富，是不能用金钱来衡量的。在实习过程中，我获得过服务案例的“星光奖”；实习结束被评为“优秀实习生”。我切实感受到了努力终会有回报。

大学毕业后，我成了一名普通的中职旅游专业教师，为培养更多的旅游相关人才做一份小小的贡献。在工作中，我再次感受到大三的实习经历对我的帮助，为我现在的课堂提供了很多经验和实例。这几年，我获得了一些荣誉，如获市级班主任能力大赛一等奖、市级信息化说课比赛三等奖、校级“美丽班主任”称号，指导的学生在省中职职业能力大赛中获得二等奖等。

现在回头审视半年的实习，我觉得非常有必要。经历了这段实习，能使我们的职业生涯规划有更好的定位。最后，真心地感谢学院为我们提供了这样好的一个机会和平台，感谢台州学院旅游管理专业的诸位老师对我们的关心与帮助。

忆

陈舒园

实习是我们从懵懂走向成熟的人生转折点，尽管心情忐忑，却是必须要经历的历程。相比学习，实习是残酷的，但收获也更多。

我的实习单位是杭州索菲特西湖大酒店，实习岗位是中餐厅服务员。刚开始时很有新鲜感、很激动，心里觉得不用学习考试，能拿到属于自己的第一份工资，做什么都很有干劲。前期酒店会带领我们办好入职手续，让我们和正式员工一样上下班打卡，但与他们不同的是，我们还有另一个身份——学生。也许他们工作的目的是为了赚钱、为了升职，而我们的目的只是为了更好地学习，收获更多的实战经验。

虽然实习只有短短 6 个月，但是这段旅程却能教会我们 20 年来都没从书本上学到的知识。记得实习的时候，我们经理曾经说过，大学校园也是一个小社会。但我觉得校园里总少不了那份纯真、真诚，说错的话、做错的事也许都能被原谅；而进入企业，接触到形形色色的人，如客人、同事、上级等，关系很复杂，一切都是没有面对过的一种全新的体验，是实实在在的社会。我感触最深的是对于酒店这样的服务行业来说，知识固然重要，但更看重的是能力。对于服务业来说，首先就是要真诚待人，放低姿态，踏踏实实做好本职工作，在岗位上不断完善自己的技能技巧，有能力才有资本，才会有机会去选择更好的路。因此，进入职场，要学会忘掉自己的学历，牢记自己的经验教训，通过理论加实践，不断提高自己的技能。实习过后，我似乎长大了，学会了忍让、宽容，知道了现实的残酷，在此感谢学院与老师们对我们这次实习的安排、指导与照顾。

作为一名已经毕业快两年的旅游管理生，我现在仍坚持做酒店人，无论是生活还是工作，那段时间的实习经历已经成为我人生中一笔重要的资本积累。再次感谢老师们的辛勤付出。

继续学习，继续实践

陈虹霏

在酒店实习期间，我的实习岗位是酒店前台接待员。半年里历经风风雨雨，我感受很深，收获也很大，切身体会到工作的辛苦、社会的复杂、实践的重要性和读书的必要性。

实习期间，我在师傅的指导下有条不紊地开展工作，努力地学，积极地做，掌握了酒店的基本接待程序，学会了前台接待员的日常操作规范。从一开始对酒店实习工作的期待与好奇，到日夜翻班跟楼层阿姨了解客房运作的艰辛；从战战兢兢地跟着师傅学习酒店 Opera 系统到独立操作系统上夜班；从害怕客人来办理入住到从容接待每一位宾客，一切过程都是那么艰难却又充实。

在前台的工作中，因是早班，需经常为客人办理退房手续，并为客人提供报销所需的材料。只有在接待一线才会了解到一般政府及公共事业单位报销需要增值税普通发票，企业及私营单位需要增值税专用发票以及流水账单，外宾一般只需酒店消费总账单即可……开发票时，前台接待员要了解宾客的住店感受，及时反馈给大堂副理，为酒店工作的改进提供帮助。退房结束后，前台接待员开始为当日的预订做准备。当宾客步入酒店时，前台接待员要做到“321 原则”，即宾客距离前台 3 米左右微笑、2 米问候、1 米服务。对于客人需要的任何帮助，前台接待员应尽量满足。对于非酒店宾客，前台接待员也应热情服务，给潜在顾客留下优质印象。只有实践，方得真知，这些是在课堂上学不到的。

实习是一个接触社会的过程，通过这次实习，我比较全面地了解了酒店的组织架构和经营业务，接待了形形色色的客人，同时还结识了很多同事和朋友。他们让我更深刻地了解了社会，拓宽了视野，也教会了我如何去适应社会、融入社会，认识到了当今的就业形势，深刻地认识到学习和实习紧密结合不可分割。实习结束之后，我将继续学习、继续实践，为今后的就业做好准备。

忙碌而充实的实习生活

张莉红

时光飞逝，一转眼6个月的实习生活就结束了。这6个月里既有心酸的历程也有快乐的时光。刚开始会有不熟练的时候，会有抱怨的时候，也会有很晚下班的时候，也有差点不想坚持下去的迷茫，既觉得心累又感到无奈。然而，只能不断地给自己加油打气，不断地熟悉自己的工作，直到最后的游刃有余。

在中餐厅的实习岗位上，忙碌的时候一个人要照看3个包厢，有时，相邻包厢的客人会同时有服务需求。有的客人非常急，在你为另一个包厢服务的时候，会一直不停地呼叫服务员，这让我感觉特别紧张。可等我过去的时候，客人会抛出很多问题：你去了哪里？为什么叫你一直不回应？你们酒店的服务难道是这样吗？这些问题让人哑口无言，我只能加快动作，以更好的服务去对待客人。有时，客人还会说些让人不舒服的话，但是，即使心里觉得很委屈，也不能在脸上表现出来，反而默默告诉自己要微笑着服务。这时，我觉得自己成长了。

在实习快结束时，可能是因为到了年关吧，年会、聚会蜂拥而至。那个时候，比我们早来20多天的实习生同伴已经走了，过些天才会来一批新的实习生，晚上还会多出许多小时工阿姨，突然间，我们就变得很重要了。有时候，在包厢附近的服务员由于不熟练会有些手忙脚乱，需要我的帮助，这对我来说是一个挑战，也是一次考验的机会，考验自己工作是否熟练，考验我突发事件的处理能力。最具有挑战的是这一阶段我还带了一个比我小的徒弟，而我要在一个星期的时间里让她懂得包厢的基本操作，能够独当一面。这其实不容易，要把半年来的实习经验通过自己的办法一对一教给她，也是一次新奇的体验。一周之后，领班检查小徒弟的学习成果时表扬了我。在这一过程中，我学会了耐心。

在这忙碌而充实的6个月期间我交往了各式各样的人，锻炼了自己的人际交往能力。一起工作的同事是友好可爱的，大家共同把工作做好，自己满意，客人也满意；遇到的客人有亲切的，也有冷漠的。但这些都让我们在进入社会之前先了解了这个社会，同时，也学到了很多学校学不到的知识。学校学习和实践还是不一样的，书本上学习的东西有时候实践是用不上的，有些案例书本上只显示一个解决方法，但其实有许多的解决方法，需要自己慢慢去摸索。实践就是来丰富自己的认知的。这次实习也让我更清晰地认清了自身的不足，明确了今后的努力方向。这是一次珍贵的体验，令人难忘。

痛并快乐的实习

孙安莹

逝者如斯夫，不舍昼夜。昨日入职、搬寝室的画面仿佛就在眼前，一眨眼，我已经写好离职单准备离职了。回忆过去6个月的点点滴滴，从踏入酒店时的忐忑，上岗后熟悉环境的惊喜，经历高强度工作任务的不易……如果说没有这次的实习机会，我对酒店业的古板印象定会永存心中，如今，已非如此。

在中餐厅包厢的经历给予我丰富的接待知识，在西餐厅的经历却给了我一段深厚的友谊。即便是超乎寻常的人流量，即便是比想象中还要艰难的状况，只要知道不是孤军奋战，我们便不会气馁。一切的艰难险阻都会过去的。辛苦的6个月过去了，在酒店的实习给予我的不只是酒店业的知识和经验，更是一段人生难以忘怀的快乐时光。

记忆最为深刻的是最后阶段的省人大团接待工作。当时，我跟随刘经理接待省人大团。做好一位体贴入微的服务员的首要条件便是耳聪目明。第一步是认识和了解省人大团领导的各方面信息。虽然演练过千万遍，但是实战又是另一种紧张。我怀着激动的心情服务着，耳边不时传来刘经理的叮咛，同时眼观四方，记录并确认每位客人的口味与爱好。如果说每一次的用餐都是一场战争，那么硝烟后的战场却满是值钱的“装备”。这些“装备”熟练了我原本茫然失措的动作，更充实了我的内心。这场接待任务重且烦琐，但是刘经理亲自上阵，手把手教我们，让我们既惊讶又佩服。最终接待工作圆满落幕，我们内心雀跃且感激，这样的挑战机会并不是每个人都会有的；这样的好上司，更不是每个人都会遇到的。感谢新侨饭店，感谢台州学院，感谢与我共同度过痛并快乐着的实习的朋友们。

实习初体验

苏雪萍

这半年的实习对我来说是一段特别的经历，收获了很多，也觉得自己长大了，从不怎么懂得与人相处成长为目前能够独立勇敢面对。

在实习的前3个月，我参加了赴美带薪实习，漂洋过海来到了美国的一个主题乐园的餐饮部实习。其中，有一件事令我印象非常深刻。记得刚开始在前台工作时，有一位区域经理不断地巡视，有一天突然询问我是否知道upsell。根据前几天的观察，我认为upsell就是对每位顾客推荐购买乐园的纪念杯。谁知区域经理对我的回答非常不满，讲话又急又快，虽然我没听明白，但还是感受到了她的怒气。在接下来的几天里，我一上班区域经理就过来抽查，这让我非常忐忑不安。但是，通过我不断地观察同事们的工作方式，终于明白了区域经理考察我的用意。upsell就像一个工作流程，包括从顾客一进门就热情地打招呼到接下来的一系列服务，如介绍产品、推荐商品、表达祝愿等。在经历了几天的低迷后，我不断地鼓励自己积极向周围的人学习，以更饱满的热情去迎接客人，最后勇敢地迈出了我的第一步——放开嗓子喊了出来。当时，主管在后厨听到后，激动地跑出来拥抱了我，祝贺我的进步，我永远忘不了那一幕。在美国的3个月里，我感受到的是热情似火的工作氛围。外国同事在与客人交谈时热情十足，常让我觉得如果没有中间的服务台，他们一定会很用力地去拥抱与亲吻客人，感谢客人的光临。在这里，我改变了自己，从刚开始的小心翼翼、唯唯诺诺，到后来只要有客人一进店就能满怀热情地欢迎。

在实习的后3个月，我回到了国内台州开元大酒店餐饮部实习。感受最深的是我第一次被安排到包厢时，主管也过来帮忙。我虽然有些紧张，但当看到主管的专业服务时心里马上安静下来。在这里，我感受到与国外的不同之处，这里的服务专业性更强，体现在每一个细节。小到每一个口布花的摆放方向、餐巾纸的折叠，大到与客人的沟通方式、服务姿态，这些一一体现着星级酒店的标准，也体现出服务的含蓄委婉、恰到好处。另外，整个班组的气氛十分融洽、团结。有一个快递公司的年会安排在跨年，举办到很晚。但是，第二天中午场地要马上投入使用，因此，我们当班的员工只能熬到年会结束再进行翻台。这时，班组里很多不当班的同事们也自愿过来帮忙，让原本两小时都做不完的活在不到一小时内完成了。完成的那一刻，我心中充盈着满满的温暖。

6个月的实习说长不长，说短也不短，在实习期间也累到哭过，但是最后还是坚持了下来。我觉得能坚持下来的原因不仅仅因为自身，更多的是因为无论我在美国还是在台州开元大酒店实习都有一群很好的工作伙伴，有很好的工作氛围。实习很快就要结束了，而我们的路才刚开始。在实习中我们可以更客观全面地了解自己，知道还有很多地方需要学习，也对自己未来的发展有了规划。

少年辛苦终身事，莫向光阴惰寸功

何鸿钦

人生的每一次工作都是一次历练。2019 年 7 月 15 日是我实习的起点。刚踏入时充满着迷茫与期待，迷茫的是第一次正式上岗，没有经验，不知自己能否做好实习工作；期待的是这次实习也是一次挑战，挑战自己能否坚持下去，也期待能够提升、强化自己的工作能力，完善自己的工作方式。

杭州开元森泊乐园是个很不错的酒店，很注重员工的培养。在工作期间，酒店组织了很多次培训，上课时学习到的内容在培训以后有了更深的理解，我学到了如何与客人沟通，如何提前了解客人的需求，如何完善自己的服务内容，如何端正自己的服务态度，如何提高自己的服务意识等，也让我深刻体会到我们这个专业的核心就在于"服务"。

我的工作是礼宾员，其实我更喜欢将自己称之为森泊乐园的滴滴司机。我的工作主要是开着礼宾车将办理好入住手续的客人以及行李送到他们的房间。虽然不是很累，但是最重要的就是安全问题，毕竟路上有来来往往的客人，而且来入住的客人大多数是带着孩子的，小孩子天性调皮，更要注意孩子们的动向，所以这份工作教会我的第一点就是工作要认真仔细，不能分心。然后便是与客人的沟通及介绍森泊乐园。客人出门在外，自然对当地不太熟悉，这时就要把自己当作是他的朋友和地陪，耐心地解答并提供帮助。因此，我也懂得了一定要熟悉酒店的信息。而信息是需要自己去了解与掌握的，同时，也要尽快掌握熟练的沟通技巧，完善自己的服务内容。

感谢学校能给予这次宝贵的学习机会，为自己能够坚持下来，能够挑战成功而感到高兴。最后，以一首离别诗来纪念这段宝贵的时光：

深知离别触心雨，泊停栖霞笼层阴。

再望千池凝明雁，饯别彳亍珠含眼。

提高综合竞争力，努力实现职业理想

郑子晴

为期 6 个月的实习在 1 月 15 日画上了句号。半年里有欢笑有泪水，也收获了许多。我学会了如何在岗位上应对各种问题，如何更好地与客人交流，培养了带客讲解与在舞台上主持和演讲的能力，也培养了自己的胆魄与组织策划能力。

我所实习的单位是杭州开元森泊乐园，是融住宿、餐饮、游乐、商务等为一体的综合性度假酒店，也是一个美丽、年轻、充满生机的地方。开元森泊乐园主要分为水乐园、幻想岛儿童乐园、芙罗拉花园、头号玩家，是小朋友们的天堂，其中度假屋区的每一栋树屋都有与众不同的名字，独具特色的树屋隐于树林之中，可以实现客人与大自然的亲密接触；每一条路都有标志性植被。

这半年里我一直在游乐部宾客接待岗位，游乐部类似酒店的 GRO，是一个充满挑战的地方，可以让我接触更多的人和事，不断地锻炼自己的综合能力。我们的日常工作不是一成不变的，包括乐园检票、处理客人投诉、水乐园前台腕带储值、租赁浴巾、广播寻人寻物、乐园引导、推售季卡、问卷调查、质检等。在主管和领班的教导以及同事的带领下，我从一开始的一问三不知到后来的信手拈来，熟练掌握了岗位上的各种实际操作技能，甚至后来也有了自己的小徒弟。

在刚入部门的时候我就很荣幸地加入了质检小组，主要是负责巡查整个游乐部员工的在岗工作状态和设施设备的完善度，如果有做得好的员工可在乐园质检群里表扬，有需要改进的地方也可以提出建议，这让我可以站在基础管理层的角度思考乐园的许多问题。通过在工作时与客人的交谈，我开阔了自己的思维。我也在不断地完善着自己的未来职业规划。

在这半年的实习生活中，我参与了许多活动。在2019年9月上旬，我代表公司参加了萧山区讲解员技术比武大赛，获得了萧山区十佳讲解员称号，也为企业争了光。9月底，我主持了乐园知识竞赛暨第三季度表彰大会，不仅锻炼了自己的能力，还结识了许多优秀的人才。10月，浙江省和杭州市评选休闲娱乐主题特色饭店，受公司委派，我有幸带领萧山区、杭州市、浙江省星级评定委员会成员参观乐园。最后，乐园成功评选为金鼎级特色文化主题饭店。11月，我代表游乐部参加酒店第二届培训师大赛获得了第二名，并荣获四星金牌讲师称号。在后面的几个月里，我加入了隶属于人资的R.E.D.club，这是一个专门负责策划员工活动的组织，先后开展了“王者荣耀争霸赛”“湘湖趣味定向赛”等活动。

我在实习中，很珍惜每一次提升自己的机会。我可以遇见更多的人，“择其善者而从之，其不善者而改之”，学到更多的东西，提升自己的综合竞争力。我想，这就是实习的意义吧——做你想做的，成为更优秀的人。

在实习中，我也犯过大大小小的错误，十分感谢领导和同事对我的包容和帮助。这次实习我初步了解了社会，也学到了很多课堂外的知识，为今后走向工作岗位打下了坚实的基础，也让我拥有更加清晰的未来规划。我会不断地学习新知识，把在大学里所学的知识与更多的实践结合在一起，努力实现自己的职业理想。

第二篇

实习案例篇

第一章　前厅部实习案例

案例1：无员工证的协议价

【案例】

酒店为了发展，经常会与一些公司合作，给予其员工相应的协议价——员工价。员工价，顾名思义，是给员工本人享用的。当然，也存在为了从中赚取差价而出现的倒卖现象。因此，当员工从公司渠道订房后，会收到邮件告知——入住需要携带本人员工证且员工本人必须入住，然而也会出现忽视或者没有及时查看的情况。印象最深的一次是有个客人一家三口入住酒店，办理手续需要出示员工证时却表示没有携带。当前台服务人员告知无法以员工价入住时，客人以身份信息与订单一致为由，认为酒店的做法不合理。酒店规定，为防止倒卖，入住时必须出示员工证，否则只能以酒店当天的最低价入住，但客人也表示不接受。最后通过协商，告知客人先以酒店最低价入住，入住期间将员工证的照片发至酒店邮箱，若退房时还未收到照片，则按酒店最低价结算，客人表示同意。

【案例分析与思考】

员工价客人是酒店的很大一部分客源，对保持他们的忠诚度是很有必要的。无论出差还是游玩，他们选择有协议价酒店的可能性是非常大的，所以，要更贴心地为他们服务。案例中，前台服务员的做法不仅维护了酒店利益，同时也给客人变价的通融时间，让其感受到酒店的温暖。因此，灵活的变通是酒店工作中极其需要的工作特点。

案例2：一张身份证开两间房

【案例】

一位客人预订了两间房，入住时却只提供一张身份证。前台服务人员微笑着拒绝，并告知是公安局的规定。当该客人一而再、再而三地要求取走两个房间的钥匙，并要求给予更全面具体的解释时，前台服务人员表示可以去询问派出所的 ×× 警官。次日，该客人退房时投诉该员工，理由是：一，回答很不专业；二，虽然面带微笑却有冷笑之嫌；三，有以派出所威吓顾客之意。

【案例分析与思考】

（1）本案例中，该员工的回答的确不够专业。虽然其出发点是正确的，但问题在于不注意语言技巧。服务讲究技巧，语言技巧更是服务技巧中尤为重要的部分。对客服务中有些话该不该讲、该怎么讲都是一种技巧，尤其是拒绝客人的话更要注意方式方法。

（2）实际上，在向客人解释是公安局规定的同时，可告知客人会替他准备好另一间客房的钥匙。届时，客人用同伴的证件登记就可以拿到房卡，不会耽误太多时间。若客人能接受，感谢他的理解和支持；若仍不能理解，则向大堂副理寻求帮助。

案例3：预订信息有出入

【案例】

“十一”长假期间，两位外地游客到前台办理入住。在与客人核实预订信息时发现只订了1天，但客人坚持预订的是3天。随后，我致电预订部，得知当时听到的确实是1天，可客人仍坚持自己的说法。由于房屋紧张，客人预订的双床房已爆满，得知情况的客人更加恼火。于是，我先稳住客人的情绪，为其升级到豪华房并免费加一张床。客人同意后，提出第二天若有双床房则马上更换。我告知客人目前不能确定，若有，一定会第一时间告知。客人满意地走了。

【案例分析与思考】

在遇到客人的房间需求与预订信息有出入时，不应该先找责任方，而应该先为客人安排好住处。若达不到客人的要求则要学会随机应变，如询问客人是否可以换大床房再免费加一张床；若客人需要大床而只有双床时，则询问客人是否可以把两张双床拼成一张大床等。

案例4：名字对不上

【案例】

前厅部查询预订信息一般是根据顾客的姓名操作的。一天下午，一对夫妻登记入住，是用奚望女士的名字做的预订，我怎么也查不到。后来，我尝试用男士的名字，也没有。突然，我灵机一动，把奚望女士的名字反过来查询，确实有。于是，联系预订部，预订部肯定了我的查询结果。由于仍然无法确认望奚是否就是眼前的客人，我只好麻烦客人再次确认订单信息。客人表示，这是国外的朋友帮忙订的房间，联系会很麻烦。虽然已有猜测但前台也不能就这么模棱两可地让他们入住，还是需要客人联系订房人。果然，订房人发来的订单邮件显示的正是 wang xi。最后，客人顺利入住。

【案例分析与思考】

酒店预订部务必要格外注意国外订单。因国外的姓名输入习惯与国内不同，所以做订单时，看清楚到底是名还是姓，避免给酒店前台与客人造成不必要的麻烦。

案例 5：切忌当众揭穿客人

【案例】

一位客人到总台办理入住手续时，向服务人员提出房价 7 折的要求。总台服务人员告知客人，按照酒店规定，只向住店 6 次以上的常住客提供 7 折优惠。于是，这位客人声称曾多次住店，可总台服务人员在电脑上查找核对后没有发现他的名字。当总台服务人员把查找结果当众道出时，该客人十分恼怒。而此时，正值总台入住登记高峰期，由于他的恼怒与喊叫，引来许多好奇的目光。

【案例分析与思考】

本案例中，总台服务人员的处理方法是不恰当的。要特别注意：凡通过电脑核查与显示的结果不要张扬，特别是不符合优惠条件的客人要由专人个别处理，避免不愉快的事情发生。今后，在处理类似事件时可按以下程序进行：

（1）总台服务人员遇到这种情况，应及时请示部门经理，不宜当众揭穿客人的谎言，避免客人因难堪而恼羞成怒。

（2）由前厅经理或管理人员将客人带离现场，或请客人到茶座、酒吧小坐。先听取客人的意见，然后细致耐心地疏导。疏导时要坚持酒店规定的7折优惠条件，但对客人要享受优惠的心情表示理解和同情。

（3）在酒店内部规定的允许范围内，给予客人适当照顾与帮助。

（4）对客人能够理解与支持酒店的规章制度表示诚挚的谢意。

案例6：一场风波

【案例】

一般情况下，房卡是前一天夜班的值班人员根据报表提前准备的。这天下午，一个团队抵达酒店时，由于数量比较庞大，导致整个大厅非常喧闹，并且团队人员秩序混乱，全部挤到前台办理入住。因此，我打算速战速决，根据前一天晚上的报表为团队客人分发房卡。

一会儿，有位客人到前台告知用房卡打开的房间里有人。大堂副理马上出面安抚客人，免费为其升级房间，并迅速安排。同时，致电被打开房间的客人安抚其情绪，说明一定会查明原因并及时告知。在随后的查询中发现，该房间并未CHECK IN。于是，大堂副理查询了这个房间的所有操作记录，结果显示，这个房间前一天晚上是预排给团队客人的，可是在今天早上被一位同事更改了，但团队的报表以及房卡并没有作出相应更改。随后，大堂副理立即向客人进行解释，并向客人赠送两份早餐以致歉意。

【案例分析与思考】

首先，在为客人办理入住时不能一味追求速度，要保证操作的正确性。在给出房卡前需在系统上进行核查，在点了CHECK IN之后方可办理手续。

其次，房号变更时要及时在报表上注明并做好交接工作。

再次，在接到此类投诉时要迅速安抚客人，同时尽快安排房间，并给予一定的补偿。

最后，在查明事情原因后及时告知客人，做好善后工作。

案例 7：以退为进的艺术

【案例】

客人有时难免会因各种原因感到不悦而咄咄逼人。对前台来说，每天工作在对客的第一线，处理这种事情在所难免。这天晚上，客流量比较少，迎面走来一对年轻夫妇，其中，女士看上去很不开心。男士掏出证件要求办理入住，但那位女士却大声询问能否取消订单。我查询时发现是已经支付的担保订单，是不可取消的，并将这一信息反馈给客人。而在交流过程中得知，是因这位女士对酒店的印象不好而执意取消。在排房时发现他们预订的房型中剩下的房间格局都不太理想。我心想，若再给予这样的房间无异是火上浇油。于是，便告知客人可以帮他们免费升级为小套房。男士很开心，那位女士紧皱的眉头明显缓和了许多。在手续办理完毕后，客人果然再没有提出退房要求。

【案例分析与思考】

与客人针锋相对不是明智之举。以退为进，让与客人尖锐的矛盾弱化，不仅可以避免与客人产生直接冲突、造成更大的影响，而且容易让客人迅速冷静下来，不失为服务的艺术之一。

案例 8：1008 变成 1528

【案例】

住店客人毛先生告知前台，该公司有几间房均在 10 层，因第二天老板到店，要求将新订的套房安排在同一楼层。前台员工小焦经查询后答应其要求，房号为 1008。当天，一位预订套房的客人入住，另一位前台员工小钱在为其办理入住手续时发现仅剩一间套房（房号为 1008），虽然已有第二天预抵客人预订，还是把此房号从预订上解锁下来，先出租给当天到店的客人。待第二天毛先生带着公司老板到前台办理入住手续时，前台给了 1528 房。毛先生很是不理解，表示昨天已预订好 1008 房，但前台查询时发现该房已经给了别的客人。毛先生由于无法向老板解释很是生气，马上找酒店负责人投诉。

【案例分析与思考】

前台员工接到客人的要求如能满足，则应与当班的其他同事相互知会，以免出现差错。同时，在电脑中 BLOCK（预告锁房）打上该房号，不仅在备注中注明房号勿动，并且在交接班本上要做详细记录。另外，上一班次的员工应将本班次或之前未办完需下一班次注意的事情进行详细交接；每个班次接班前应仔细阅读交接班本。

案例 9：能否提前退房

【案例】

客人的行程有时会因计划临时变更而有所改变。一天，一位订单为连住 4 天的客人来到前台，询问因临时有事能否提前一天退房。但是，我在看完

comments后发现这位客人的订单是因连住几天才有的优惠价格，如果提前退房，房费就要按照正常的价格收取。得知这一情况后，客人有些为难，表示能否按照订单价格给予提前退房。在请示大堂副理得到肯定回答后，我马上转告客人，客人表示非常感谢。

【案例分析与思考】

酒店方与客人从生成订单那一刻起就已签订了无形的合同。按照契约精神，双方都不得因除不可抗力外的原因擅自更改，否则会被视为违约，另一方则有权按照原契约继续执行。但凡事无绝对，酒店为了提高客人的体验价值，在双方都能接受的前提下合理作出变更也未尝不可，这也是人性化服务的具体表现。

案例10：渴求被重视的VIP

【案例】

酒店有很多等级较高的会员是常客，由于我们实习生刚来酒店，很多重要的客人我们无法一看到就能叫出名字。有一天，一位当天将到的VIP常客，我知道她的名字但并不能匹配到其面孔。当时，我站在会员通道，迎面走来一位外国女士。我热情地与她打招呼，她也热情地回应我。但是，在我礼貌地询问是否需要登记入住以及能否出示护照时，该客人略微有些不悦地说："P-O-A-C-H。"我才明白她就是酒店常客。于是，我热情地为她提供登记入住服务，但客人在整个过程中情绪不高。几天后的某个晚上，大堂副理告知前台Mrs Poach马上下来结账。我准备好账单后就在会员通道耐心等待。Mrs Poach一到前台，我就热情地称呼其姓氏，并拿出准备好的账单和签字笔，Mrs Poach十分开心。

【案例分析与思考】

针对此类十分渴望被重视的客人，一定要尽可能地记住他（她）们的名字、相貌以及喜好。此类客人非常喜欢直接称呼其姓氏，表示正享受着特殊待遇。因此，遇到此类重要的客人一定要提供定制化服务，让客人觉得自己是备受重视的。

案例 11：变黑白打印为彩色打印

【案例】

7 月 29 日，一位客人来电要求商务中心帮忙打印文件，并说明采用黑白打印。我收到文件后发现客人需要打印的是 PPT，而 PPT 的背景颜色是深色的，如果采用黑白打印，字体和背景就会重合，导致字体看不清。于是，我及时向客人说明情况，并询问是否可以更改背景。客人表示同意。而在更改背景时发现客人的 PPT 模板无法更改，最后我采用了彩色打印，但只收取黑白打印的价格，客人表示十分感谢。

【案例分析与思考】

商务中心提供服务收取相应的费用，是在保障客人的利益、满足客人需求的前提下完成的。在这个案例中，商务中心工作人员为了满足客人的需求，选择将黑白打印改为彩色打印，但是价格不变，这样就给客人留下深刻的印象，并为酒店树立了良好的形象。

案例12：该不该透露住客房号

【案例】

一天，两位访客到酒店前台询问有没有一位胡大发先生入住。我了解了访客拜访原因后立即进行查询，结果显示确实有。随后，接通胡大发先生的房间电话，但无人接听。我便礼貌地告诉访客，确实有一位胡大发先生在本酒店入住，但此刻不在房间，可在大堂休息处等候或在前厅留言，另行安排时间会面。两位访客并不满意，一再声称有急事，要求告知胡先生的房间号码。我耐心地解释，为保障住店客人的安全，酒店规定，在未征得住店客人同意时不能将其房号告诉他人。两位访客听后，给胡先生留言并离开了酒店。过了几个小时，我再一次拨通胡先生的房间电话，向胡先生说明情况，并表示为了安全，前厅部没有将他的房号告诉来访者，请求谅解。胡先生当即表示理解并向我们致以谢意。最后，我转交访客留下的便条。

【案例分析与思考】

酒店客房的安全管理工作贯穿于接待服务始终，是一项复杂、持久、专业性很强的工作，其目的是保证服务过程中客人的人身财产安全不受到危害。因此，当有访客需要拜访住店客人时，前台服务人员要先判断访客会不会对住店客人的安全造成影响。其次，在访客要求透露住店客人的信息时应持拒绝态度。最后，联系到客人后应及时说明情况，并求得客人谅解。

案例13：小有成就感的一天

【案例】

今天是我实习以来最有成就感的一天。当时，我在内岗站岗时看到同事推着行李车走了进来。我接过行李车后发现客人是外宾，就立即用英语向客人打招呼。因为接待外宾一般是由翻译跟着，所以我接过行李后也没在意。之后发现跟着外宾的是导游。导游告知接下来的事情要靠外宾他们自己了，然后就离开了。在等待外宾登记入住时，一位客人用英语向值班经理询问，但值班经理不会英语，周围的几个服务人员也不懂，无奈之下，我的师傅只好把我叫过去，然后我就用英语和外宾交流，整个过程无障碍。

一位女外宾向我请教中文，我先用英文向她解释，然后又与她聊起了中国的一些人文信息。此时，几位外宾不停地向我竖起大拇指，我的同事也十分惊讶。当我带领他们进入房间时，由于客房的服务员也不懂英语，我又充当了翻译。当离开时，外宾询问了我的名字并要求看我的名牌。后来，由于Wi-Fi的问题，大堂副理又要求我上去，带两位外宾去用餐。回到礼宾台后，另外几个外宾准备出去吃比萨，我们给他们写了地址，可惜他们最终没能找到比萨店。他们回来后，我说："请理解在中国遇到的不愉快经历，这些只是因为语言交流问题导致的，每个中国人都是友好热情的。"

完成这一切后，值班经理主动出来与我交流，尤其是询问我是哪个学校的，而我告知是台州学院时，我感到非常自豪。因为不仅在领导与同事心里留下了好印象，也为学校争了光。

【案例分析与思考】

其实，我的英语并没有他们想象中的好，只不过我比较勇敢而且热情。我们酒店的外宾本来就少，这样的锻炼机会肯定不能放过，真正交流下来其实也并没什么难度。最有成就感的是第二天在站外岗时，其中一位外宾直接走到门外找我寻求帮助，那一刻，客人脸上的微笑是对我最大的鼓励。

案例14：押金单

【案例】

一天，客人手持现金押金单来前台退房。由于酒店规定，现金押金单必须由入住时签字本人持白联才可退还，并且两次的签名要相似。于是，我询问该客人是否为签字人本人，客人回答当时是她先生签的字。我告知必须签字人本人才可办理退房手续，这时，该客人的神情明显有些不悦。我继续耐心解释，假如客人押金单遗失而酒店又对签名不严加审核，很可能会给客人带来不必要的损失，这也是为双方共同考虑。之后，该客人的神情明显缓和了不少。此时，该客人的先生从停车场来到前台，很快就办理好退房手续。

【案例分析与思考】

没有规矩不成方圆，有些规矩是必须要遵守的。或许在客人看来是墨守成规，但是，为了避免不必要的损失，即便有时候不被客人理解也应当坚持。

案例15：心生多虑的叫醒服务

【案例】

今天，要求叫醒服务的客人挺多，总机服务员小胡在表格上认真地记录。突然，她问我："廖同学，你记不记得有位客人要求早上7点15分及7点半叫醒？是几号房间的客人？"我当时愣了："不知道，没听你提起过。"她顿时紧张起来，在草稿纸上也找不到相关记录。于是，致电大堂副理和前台寻求帮助。经几番查找与核对，发现第二天早上并没有客人在这个时间点要求叫醒服务或离店，一切都是小胡在忙碌中“心生多虑”。

【案例分析与思考】

在总机工作一定要对细节掌握于心，做到事事有记录，事事有依据。在本案例中，服务员小胡在草稿上的记录并不清晰，加上该时段工作繁忙，以为有未记录的叫醒服务，所幸这只是多虑，也没有给客人带来不便。但这件事告诉我们，即使忙碌时在草稿上的记录也要做到有序清晰，便于对相关事项进行检查并避免出现纰漏。

案例 16：不厌其烦地为客人服务

【案例】

晚上 11 点，464 客房的女住客拨通了总机电话，告知从 449 客房换到 464 客房后发现洗面奶遗落在原来房间，因此，寻求服务员帮助。但我在检查房态时发现 449 客房已经入住了新客人，便告知该女士，由于时间太晚，不便打扰 449 客房的客人休息，该女士很不满意。在向该女士表示歉意后，我致电 449 客房，对打扰休息表示歉意，并向住客说明事情经过。客人比较和善，答应了。后来，服务员找到了该女士遗落的洗面奶并送到她手中。

【案例分析与思考】

在服务行业工作，要始终记得尽心尽力为客人服务的宗旨，真正践行“客人就是上帝”的理念。虽然难免会遇到一些要求相对苛刻或者比较急躁的客人，但无论如何都应以真诚的态度去面对，认真解决。对于客人的众多要求，合理的要尽量去满足。只有不厌其烦地对待客人，才能赢得客人的满意。

案例17：微笑服务

【案例】

晚上10点左右，203客房的李姓女住客拨通了酒店总机。铃响3声内，我接起了电话，愉快而轻柔地说："Good evening，operator！您好，总机！"客人说："你好，我想点餐，请问有面食吗？"我微笑着说："李女士，我帮您转接送餐员，您具体咨询一下，可以吗？"后来，因面食卖完李女士改吃泡面。我回答道："对不起，李女士。酒店里泡面没有了，您需要哪个牌子哪种口味的泡面，可让礼宾员去附近的商店替您购买，您看可以吗？"

李女士很满意这次服务。第二天，总机收到了一份表扬信，客人称赞接线员热情耐心，能感觉到我一直在"微笑"服务。

【案例分析与思考】

总机岗位虽然不是面对面地为客人提供服务，但客人可以通过接线员的声音、语气、语调感受到服务态度。因此，接电话要及时地以标准的问候语询问。在聆听客人的要求后，耐心且热情地回答并提供相应服务，同时，在对话中以姓氏称呼客人，更能让客人感到亲切与受尊重。而在整个服务过程中能够"保持微笑"，以甜美的声音、轻柔的语气与客人交谈，更能使客人"听得到"接线员的"微笑"，感受到如沐春风般的温暖以及接线员优质的服务。

案例18：是足够关怀还是给足尊重

【案例】

对待残疾客人当然得特殊关注，这是社会的共识。可是，有一次给一位残疾客人服务时却让我产生了思考：面对残疾客人，我们是像普通客人那样对待还是更加关心？

中午时分，一位商务客人开了车门却没有直接下来，而是等着他的助手递上拐杖，才慢慢下车。整个下车过程对他来说似乎很困难，于是，我在内岗准备迎接。他刚进来我就主动招呼，并询问是否需要轮椅。在我看来，拄着拐杖走路毕竟还是非常吃力的。可是该客人拒绝了，而且脸上神情不悦。当他的助手试图去搀扶时，他显得很不耐烦，急忙推开助手的手。

这并不是我第一次见到这样的残疾客人。对这些商务客人来说，可能希望像普通人一样对待他们。他们与正常人一样在商场上不断“搏杀”，又岂会被别人视作弱势群体？

【案例分析与思考】

我认为面对残疾客人时要学会观察，服务要做到不露痕迹，不要让他们觉得被别人视作弱势群体。不要为了让客人感受到酒店的温馨服务，而不停地询问需要什么帮助。因为这样做反而会让他们觉得自尊心受到打击，所以，关怀也需要有度。

案例19：不知房号的钥匙转交

【案例】

11月27日中午，有客人来电告知，有一位周先生过来领取房间钥匙，但记不清房号，并告知客人的名字可能是刘仙海，并称该房间是他本人押卡做的担保，故可以转交他人。但经手的员工误听为刘星海，并告知来电客人应为12楼某房间。挂断电话后，该员工又发现刘星海的费用是ALL TO CO（所有费用公付），故肯定不是来电客人所称的房间。在查找这位周先生的入住史时发现是某某公司的。同时，查到这个公司的负责人金某正好住在饭店，就认为是该房间的房卡需要转交，便制作了房卡钥匙，放在钥匙交接本中，且未做任何交班。周先生下午来总台取了钥匙，晚上时与金某在房内尴尬碰面。

【案例分析与思考】

本案例中，该员工犯了两个错误：

（1）对客服务的流程不熟悉。查询时不仔细，也未与客人确认细节。客人自称是该房间付费人，但在未确认的情况下就转交钥匙，本身就是非常冒险的行为。转交钥匙牵涉客人的人身、财产安全，必须确认无误后才能进行。

（2）挂了电话已发现问题，却仅凭推测为客人做了错误的安排。其实，此时可做个交班并提醒，若周先生来取转交的钥匙时需再次确认。

案例20：误把预授权变消费

【案例】

1月12日，有客人从我国香港特别行政区来电投诉，表示在1月6日至9日入住酒店期间，酒店从其信用卡上刷了两笔款项：一笔发生在1月6日入住当日，金额为6500元人民币；另一笔发生在1月9日，金额为4302元人民币。经查，该客人入住时，总台接待人员在为其信用卡做“授权”时误操作成“消费”，而且该员工并未检查此笔交易单上的“交易类别”项，故未发现。在1月9日该客人退房后，收银员才发现该错误，而此时客人已离店。

【案例分析与思考】

酒店一再强调做“授权”时务必确保按下“预授权”键。在卡单出来后，必须检查“交易类别”项是否为“预授权”，并用荧光笔标明。如发现误做成“SALE”（销售），可使用POSE机上“取消交易”功能取消该次交易（仅限当日未清机前，且外地卡很可能无法取消）。若无法取消，需立即请示当班领班或主管，向客人解释说明，并采取一切可能的补救措施。

案例 21：学会变通

【案例】

一般来说，夜班是一天中最为平静的。但是，今天的夜班有些不一样。一位醉酒客人摇摇晃晃地走进了大堂，来到前台表示要进房间。我和前台值夜班的同事询问并查询了他的房号，发现并没有他的名字，可他表示是与朋友一起住店的，而他的朋友就住在酒店，并且能准确地说出朋友的名字。虽然能查询到他的朋友所在的房号，但按照酒店的规矩，前台是不能给他开门的。我希望他能联系朋友，可他一直联系不上。这时我才从客人口中得知，他的朋友可能也喝醉了。虽然我相信这两位客人是认识的，但是，在变通规矩的时候也得遵循原则，因此，我很为难。最后，我表示陪这位客人上楼，开房门后叫醒房间里的客人，询问是否认识他。最后，终于让这位醉酒客人得到休息。

【案例分析与思考】

本案例中，当遇到客人的问题与酒店规矩相冲突而无法解决时，不能让客人一直等待，要学会变通。通过另一种方式，在遵循规定的同时又能够帮助客人解决问题。

案例 22：忙碌的主班

【案例】

实习一天天过去，我慢慢从一名生涩的礼宾员成长为能够独当一面的员工了。酒店新员工不断进入，也使我成了他们的师傅。今天，由于没有领班在场，我当之无愧地成了早上的主班。看着早晨出入的人流逐渐增多，我凭借两个月来的经验，嗅到了今天忙碌的气息。果不其然，三个大团队的集体出入让所有的礼宾员都一刻不停地在忙碌。虽然我在不停地维持着大堂的秩序，但还是有些应接不暇，我开始有些焦躁。但是，我知道必须冷静下来，因为现在的我作为一个领导者需要有条不紊地做好安排。我深深地吸了一口气，慢慢地理清思路，尽我所能把所有的事都处理好。经过几个小时的连续作业，大家终于撑了下来。看着同事们满头的汗水以及陆续空旷的大堂，我想我们的努力还是有收获的，而我的领导能力也得到了提高。

【案例分析与思考】

本案例中，因领班不在，我主动担起了职责，虽然忙碌，但是依然有条不紊地予以解决。因此，当工作中大量烦琐的事情堆积而来时，千万不能慌张，要保持冷静的头脑，理清思路，抽丝剥茧，忙而不乱，这才是作为领导者应该具备的能力。

案例23：轮椅上的微笑

【案例】

三天前，酒店来了常客，是一位老人。从此，对我们礼宾员来说，每天早上9点都会准时前往715房间，在门口等候这位腿脚不便却脸上总是洋溢着温暖微笑的老人。这位老人总是很有礼貌，每天早上开门时都会跟在门口等候的服务员打招呼：“辛苦你了。”随后，我们会将他用轮椅推到二楼享用早餐。50分钟后，我们又会主动地再次前往二楼，将吃完早餐的老人送回房间。在之后的两周时间里，这位老人每次都会很客气地向我们表示感谢，那脸上的微笑使我们整天都干劲十足。

【案例分析与思考】

本案例中，这位老人因腿脚不便需每天提供额外服务，对此，我们毫无怨言。在日复一日的服务过程中，客人的满意与微笑是对我们的回报，也是我们工作的最大动力。

案例24：取错的行李

【案例】

今天早上当班时，有两位互不相识的客人同时寄存行李，而两件行李的外观差别不大。我将行李放在柜台内，拿出两张行李寄存卡分别交给两位客人填写。客人填写后，我顺手将行李牌拴在其中一件行李上，但由于粗心，将两位客人的行李牌互相拴错。我下班后由行李员小齐接班，当其中一位客人来提取行李时，小齐根据客人提供的寄存卡号码找到行李，并交给了客人。客人拿到行李后直接去了机场。在机场办理行李托运时客人才发现手里的行李不是自己的，于是，他急忙联系饭店行李部查找。在一番忙碌后，行李员根据客人提供的姓名、行李特征和房间等信息找到了客人的行李，立即赶往机场换回错拿的行李。

【案例分析与思考】

本案例中，虽然两个客人的行李外观区别不大，但是，因我工作时粗心，导致客人拿错行李。因此，行李员在存放客人行李的时候一定要核对准确，切不可出现挂错行李牌的现象。因为这样会浪费大量的人力与时间去寻找行李，既给酒店带来麻烦，也会耽误客人的行程。

案例25：接机服务

【案例】

今天上中班时，领导安排我去接机。当得知接机对象是另一个酒店的总经理时，心里非常忐忑。毕竟是第一次，没什么经验，担心出差错，因此，在上班期间一次又一次地确认飞机的到点时间、航班号和对方的联系方式，以及接机时需要注意的服务内容。在飞机到点前的一个小时，我和车队的徐师傅一起出发前往机场。到达机场马上询问机场客服，弄清楚航班的出站口后，我们便前往等待。在飞机到站前2分钟，我联系了客人，并约定会举着接机牌迎接他。最后，安全顺利地将客人接到了酒店。在回酒店的路上，客人夸赞我准备充分，我听了很开心。

【案例分析与思考】

本案例中，对我来说，到机场接领导到酒店是第一次经历。虽然没有经验非常不安，但是，还是尽自己的最大努力做好准备工作，从而得到领导的夸奖。所以说，在工作中遇到第一次做的事情不要紧张，只要准备充分，就能做到最好。

案例26：延迟的两小时

【案例】

按照酒店商务中心的规定，上中班的服务人员于21点下班。这天晚上，20点40分左右进来三位客人，表示需要使用电脑并打印。我同意后，他们就坐到电脑前边商议边修改文件，一直到21点仍未完成。于是，我上前告知客人商务中心于21点关门。客人表示来不及，要求帮助想办法。我将情况告知大堂副理，并表明可以延迟下班。大堂副理回复可于23点左右与前台的同事一起下班。22点30分时我再次提醒客人，客人向我表达歉意，并表示还需要点时间。23点10分，大堂副理来到商务中心时，客人还没有结束工作。与客人进行沟通时，客人表示这份文件很重要，希望今晚能修改好。大堂副理在征得值班经理同意后，让上夜班的礼宾员来商务中心等待客人完成工作。后来，大堂副理在工作群里向我表示感谢。

【案例分析与思考】

在这个案例中，对我来说，虽然因为客人的紧急状况而延迟了两个小时下班，但是能够解决客人的问题还是一件很值得的事情。最后，得到了大堂副理的表扬。也许我们会经常遇到这样的难事，因此，有时需要为客人牺牲一点自己的“利益”。

案例27：别忘了维护自身利益

【案例】

10月3日，一位客人到商务中心表示要订购飞往北京的机票。商务中心员工吕某告知客人，由商务中心代购飞机票需要收取15%的服务费。客人听后表示不愿意支付。吕某建议客人可以通过手机平台进行订购。客人表示不会操作，吕某帮助客人在自己的手机上订购了机票。客人很高兴，但表示没带现金，要求吕某添加微信，通过微信转账。客人离开后，迟迟未给吕某转账。于是，吕某给客人发送消息，但客人一直未予回复，吕某很不安。几天后，客人终于回复，表示一直在出差，未看到消息，告知马上转账，并对吕某表示歉意。

【案例分析与思考】

在这个案例中，商务中心员工为了帮助客人解决问题而忽视了自身利益，这是不提倡的。作为员工，为客人解决问题固然重要，但是自身利益也要切实维护。虽然，客人最后支付了机票费用，但凡事都存在万一。因此，在工作时，要在保护自己的前提下为客人提供最好的帮助，这既是对自己负责，也是对客人负责。

案例28：帮助客人发送快递

【案例】

8月19日，商务中心在寄件服务中，一位客人的快递物品被××快递拒收，导致客人投诉该快递公司。商务中心工作人员得知此事后，马上与客人取得联系。首先向客人道歉，征询客人的意见，并详细告知解决方案；同时，积极帮助客人联系另一家快递公司。在与另一家快递公司沟通成功后，工作人员于第一时间告知客人情况，在征得客人同意后获取了寄件地址，并尽快安排投送。

【案例分析与思考】

在这个案例中，客人快递的物品被拒收，××快递公司未对这件事情进行相应处理，导致客人投诉。商务中心作为中间人，对这件事情进行了比较合理的处理。在寄件业务中，凡是特殊物品一般情况下不接收，若客人一定要寄，必须签写免责协议，并告知若在运输过程中出现问题，快递公司概不负责。当然，若是可以解决的问题还是应尽力去协助，以保证客人的权益。

案例 29：一次难忘的经历

【案例】

这是我实习以来最难忘的一个早上。酒店规定早班时间是 7 点，但因为要完成开灯等事情，一般情况下 6 点多我就过去了。8 月 9 日这天，与往常一样，我 6 点出发，到酒店换完衣服后到办公室进行准备工作。一进办公室发现没人，以为其他员工去开灯或者忙其他事情了，也没多想。

到了 7 点，还是没看到其他员工，我开始觉得这可能是一个考核。于是，我决定开始工作。虽然我零碎地完成了一些早班应该进行的事情，其实当时整个人还是挺蒙的，毕竟这些活之前都是师傅做的，所以，包括灯怎么开我都不太清楚。但我并不担心，等会儿他们肯定会出现的。再说，考验一个新人也不会太过分吧！可是，到了 7 点 20 分还是只有我一个人。此时，大堂副理脸色阴沉地询问我会不会开灯，而且总监也过来了。这时，我才发现事情有些不对劲，其他人应该都迟到了。之后，大堂副理逐个给他们打了电话。然而，这也意味着在其他员工到来之前就我一个礼宾员。之前站岗时觉得领班站在礼宾台工作没什么难度，可是现在，我看到客人一拨拨地过来，觉得像面对海啸一般！因为，之前客人询问的问题都比较简单，但礼宾台却会接到好多奇怪的问题。然而，由于总监在，我不能够表现得像以前一样，一遇到难题就询问师傅，因此，只能硬着头皮给客人们解决问题，其实心里慌得不行。

幸好 20 分钟后领班赶过来了。虽然只有短短的 40 分钟，但是我一个人在那里支撑着整个礼宾部的工作，还是觉得很煎熬。若领班再迟来 10 分钟，就得我独自一人出行李，面对几十个房间，真的不敢想象。

【案例分析与思考】

本案例中，礼宾部出现这种情况真的非常少见，说明酒店的管理存在很大的问题，需要及时整改。但是，经过这次经历，我成长了很多，也学到了很多。有时候，当没了退路而又不得不上的时候，应该持怎样的心态面对，该如何支撑起整个场面，值得深思。当然，也发现许多东西没有想象的简单，学习真的是无止境的。

案例30：无干扰服务

【案例】

一天中午，三位客人来到酒店，GRO（客务关系主任）热情地上前为他们服务，引领着客人到前台登记，然后倒茶并送到客人手上。这三位从着装看便知是商务客人，而且一直在交谈。但GRO实在热情，时不时礼貌地询问有何需要。客人开始礼貌地拒绝，但商议的事也都被GRO的“热情服务”打乱了。过了一会儿，一位客人手里的茶杯空了，GRO立即接过去倒水。为了接茶水又一次打断了客人的谈话，这时，客人的脸上有点不悦，说：“这也太热情了！”

【案例分析与思考】

在酒店服务工作中经常发生这种情况，尽管服务人员满腔热情地提供服务，但客人有时不仅不领情，反而流露出厌烦或不满的情绪。是客人不通情达理吗？当然不是。这里有一个很重要的原因，那就是服务人员应在充分了解客人的需求后而提供无干扰服务。所谓无干扰服务，就是指在客人不需要的时候感受不到，需要的时候“招之即来”的服务。标准化的规范是死的，而人的需求是活的。就客人的需求而言，“无需求”本身也是一种需求。因此，充分了解客人的这种“无需求”，有针对性地提供无干扰服务，对提高酒店的服务质量具有十分重要的意义。

那么，如何才能把握客人的这种需求，适时地提供无干扰服务呢？

首先，服务人员要留心观察客人当时的体态表情。如本案例中的这位GRO并未留心观察客人，在客人认真交谈时仍热情地提供服务。殊不知，这种热情过度的服务反而给客人造成很大的干扰。

其次，服务人员要注意分析客人的交谈言语。如本案例中的客人已烦躁地有所表示。服务人员感觉到后，就应该领会客人的意思，站在远处为他们服务，这样才不会引起客人的厌烦情绪。

第二章　餐饮部实习案例

案例1：炒粉

【案例】

一天早上，8位广东客人在西餐厅用餐。当我为他们倒好咖啡时，其中一位客人亲切地询问有没有炒河粉，确定没有后有些失望，并表示还要继续住几天呢。我想，出门在外能吃到家乡的味道一定会很感动，我就及时把情况告知领班，领班马上转告后厨。第二天，后厨特意为他们做了几份炒河粉，客人特别开心，表示这是到杭州吃得最香、最满意、最开心的一顿饭，并向酒店表示诚挚的谢意。

【案例分析与思考】

真正超值的服务并不是简单地满足客人的要求，而是在满足要求的同时给予意外的惊喜。有了这种充满爱心的服务，相信客人还会再次光临。

案例2：为客人过生日

【案例】

六一节晚上，何女士与先生带着孙女来餐厅用自助餐。在用餐过程中，餐厅实习生得知当日是小姑娘的生日，客人特意来此庆祝，于是，实习生第一时间告知领班，并配合领班为小姑娘准备蛋糕、点上蜡烛，送上餐厅准备的小礼物，与客人同唱生日歌。领班则拿出相机为客人拍照，迅速到商务中心打印，并特意装在相框里。当把合照交给客人时，他们非常开心，一再致谢。

【案例分析与思考】

由本案例可见，餐厅实习生在服务过程中十分关注客人的需求。领班带领大家提供个性化服务，给客人留下了非常好的印象，提高了服务满意度。

案例3：一位妈妈与两个孩子的自助餐

【案例】

西餐厅刚开餐，只见一位年轻的妈妈一手牵着个六七岁的孩子，怀里还抱着个小婴儿走过来。我赶紧上前迎接："晚上好，女士！我可以先给您找个位置吗？小朋友跟姐姐一起进去，好吗？"不一会儿，餐厅的宾客陆续到位。我再次关注那位年轻的妈妈，只见那个小孩不见了踪影，而其怀里的婴儿似乎也饿了，咿咿呀呀叫个不停，心想："一个人带两个小孩来吃自助餐，这可怎么吃啊？"我赶紧过去对她说："女士，您好！您看您的小孩在餐厅里面跑来跑去，现在客人慢慢多起来了，为确保安全，我给他准备宝宝椅吧！再拿套可爱的儿童餐具，他一定会乖乖吃饭的，我帮您看会儿，您去拿食物。""小姑娘，谢谢你啊！"年轻的妈妈非常感激。那小朋友也很给力，在宝宝椅上非常乖巧。这位妈妈表示，本以为这顿自助餐因为孩子只能草草了事，但现在可以好好地享受了。

【案例分析与思考】

服务无小事。哪怕是给客人引个座位、准备宝宝椅，提供更好的服务，都会给客人带来很大的方便。“对客服务就是想着办法让客人感动”，使客人在惊喜与感动中提高满意度。

案例4：晚上有没有大闸蟹

【案例】

某日，服务员接到一位李姓客人的电话，询问当晚餐厅的自助餐是否有大闸蟹，如果有，就过来。服务员意识到回答的重要性，马上说：“李先生，您好，请稍等，我问清楚后立刻回复您。”该服务员跑到中厨房向厨师长确认当日的菜品，并了解大闸蟹供应的具体时间后，立刻回复：“李先生，您好，今晚餐厅无限量供应大闸蟹。我们酒店的大闸蟹活动会进行到12月底，随时欢迎来品尝。”客人表示感谢。

【案例分析与思考】

该服务员做到了不随便承诺客人，不轻易回答自己不确定的事情，其行为既是对客人负责，也是对酒店负责。除此之外，还询问当晚的菜品及大闸蟹供应时间，圆满地回答了客人的问题；同时，热情邀请客人，介绍酒店餐厅的活动，客人表示非常满意。

案例5：客人需要针线

【案例】

11月16日，酒店的牡丹厅来了几位客人。开餐后，一位女客人对服务员说：“你们这有针线吗？”新来的服务员耐心地回答：“请您稍等。”取线时，服务员记得客人的衣服是灰色的，就拿了一团与其衣服颜色相近的线。当服务员把线团交给客人并询问是否满意时，客人看了看，说：“啊！真好。与我衣服的颜色差不多。”同时还对旁边的客人夸奖这里的服务真好。

【案例分析与思考】

从案例中可以看出，服务员在服务过程中是非常用心的。针对客人的需要能发现细节，提供满意的服务。在服务的过程中，如果服务员没有注意客人衣服的颜色也会完成服务，但是，客人的满意度不会那么高。

案例6：无人服务的外宾

【案例】

有一天，酒店的三位外宾到四季轩就餐，酒店特意安排了一位礼宾员当翻译。当礼宾员带着外宾到四季轩大厅后，餐厅的服务员因英语对话能力差，全躲开了，没有人愿意上前服务。无奈之下，礼宾员只好带外宾到西餐厅就餐。

【案例分析与思考】

目前，影响酒店员工英语能力提高的主要因素有四点：一是酒店组织强化培训机会少；二是外宾少，没有语言环境；三是不敢上前与外宾对话；四是酒店员工自觉提高英语能力的意识不强。另外，在学校学的英语语法规范，但口语较少，而外宾的日常用语既简单又随意，因此，酒店应予以重视。

案例7：头发风波

【案例】

8月28日晚，酒店国风堂205包厢的客人点了一份扬州炒饭。正吃着时客人发现饭里有一根细细的头发，立即告知服务员。服务员首先向客人90度鞠躬致歉，忙不迭地将扬州炒饭端到备餐间。经过协商，主管端来一份新的扬州炒饭，并一再向客人表示歉意，并主动送上优惠券，请客人务必携家眷或朋友再次光临。

【案例分析与思考】

服务不在文字上，而要落实在行动上。本案例中，服务员发现炒饭里有头发时，马上向客人致歉，可以缓解其愤怒情绪。然后主管当面道歉，可进一步消除客人的不满。因此，道歉和优惠措施能消除不良影响。

案例8：上菜太快的结果

【案例】

11月8号晚上7时，208包厢来了两位散客，点过菜后通知上菜。20分钟后，客人点的四道菜已整整齐齐地摆上餐桌，节奏非常快。客人一边就餐一边闲聊，兴致很好。然而客人脸上的笑容转瞬即逝，责问服务员："这盘虾怎么是凉的？是不是早就烧好或者别的客人不要才给我们的？"另一位客人也附和着。服务员马上表示厨房是根据菜单配制烹调的，食材也是新鲜的，不可能存在翻菜现象，请客人放心食用。可是，不管服务员怎么耐心解释，客人仍固执己见。最后，服务员只好与领班沟通，并征得厨师长同意后，微笑地说："先生，您好。菜肴不够热是我们工作中的疏忽，多谢您提宝贵意见，我们一定改正。"并给客人重新上了一份。

【案例分析与思考】

服务其实很简单，满足客人一切合理的需求。当客人产生疑问时，要灵活应对。当客人不满意解释时，要学会冷静，不与客人产生不必要的冲突。

自己无法解决的问题要及时向领班等寻求帮助，转换方式解决问题。

案例9：上错桌

【案例】

9月8日中午，散客很多，后厨又有很多新来的兼职生，其中一位跑错了菜，将2号桌的菜上到了3号桌。然而，2号桌的客人没有发现并已经开吃。该服务员束手无策，只好向2号桌的客人解释情况。2号桌的客人很大度，同意买单。服务员一再向他们表示感谢。12月3日，有两桌客人在餐厅零点，其中，只有一桌点恺撒沙拉。由于跑菜员和点单员没交接好，误将恺撒沙拉上到了另一桌。服务员正要把沙拉撤下来时，领班立刻制止，并吩咐厨房赶紧再做一份。对于上错的那桌，领班表示沙拉是酒店赠送的，对另一桌因上菜缓慢而表示歉意，并赠送一份拿破仑甜品作为补偿。两桌客人不清楚发生的事情，都表示很满意。

【案例分析与思考】

本案例中，上错菜本就是酒店的失误，酒店应该首先表示歉意，尤其是自身失误引起时。9月8日这次失误，如果客人没有动过菜，应第一时间告知客人，询问能否下桌，以免吃了又不买单；如果客人已夹过菜，可及时与客人协商。若最后顺利解决，则要心存感激。12月3日这次失误，如果服务员贸然将菜撤掉再给另一桌，两桌客人都会不满意。领班的做法让客人在酒店享受到物超所值的服务，把失误转化为对酒店有益的事情，值得学习。对比两次失误的处理措施，可见12月3日领班的服务技巧与水平较高。

案例10：点的菜没了

【案例】

一天，中餐厅里来了几位衣着讲究的客人。坐定后，其中一位客人便开始点菜，并对其中一道菜提出要求：一定要将味调得浓些，样子摆得漂亮些。同时，转身对同伴说："这道菜很好吃，今天你们一定要尝尝。"菜点完后，我拿着菜单去了厨房。但是，厨房告知已没有这道菜的食材，因此，我便礼貌地对客人说："先生，对不起，今天没有这道菜，给您换一道菜可以吗？"客人一听，勃然大怒："你为什么不事先告诉我？让我们无故等了这么久。"发完脾气，客人仍觉得在朋友面前丢了面子，拂袖而去。

【案例分析与思考】

这个案例给我留下很深的印象，开始反思自己，才知道在语言上用词不恰当，未朝有利于事情发展的方向作出解释。如果确定无货，可换个方式向客人说明，如："先生，这道菜是这里的特色菜，今天点这道菜的人特别多，已经卖完了，您能不能换其他菜？××菜也是我们这里的特色菜，您不妨尝尝。"客人会觉得酒店生意真不错，自己很有品位，在朋友面前也有面子，会很自然地接受服务员推荐的菜品。因此，换一种方式委婉表达就会有不一样的结果，这是语言的艺术，作为服务员必须懂得。

案例11：好像看到过

【案例】

某日，一位客人致电餐厅，诉说自己的包不见了，询问是否落在餐厅。

当时，服务员表示好像看到过。于是，客人便来餐厅寻找，但酒店人员帮忙寻找后并没有发现。此时，客人说："服务员说在餐厅看到过包，怎么会不见了？是不是藏起来了？"经理耐心解释："酒店不会拿客人的物件，餐厅里的确没有见到您的包，您再想想，是不是遗落在其他地方了？若您最后还是找不到，我们可以协助您查看酒店的监控，建议您再次确认是不是落在你房间里？"后来，客人在房间的衣橱里找到了自己的包。之后，经理在开会时以此为例告诉大家，不确定的事情尤其是客人遗落的物件不要模糊地回答。如果没有看到，不能说"好像"，以免引起不必要的争端。

【案例分析与思考】

作为酒店的一员，一句模糊随便的回答可能会给酒店造成损失，服务员应当时刻注意自己的言行举止。在本案例中，该服务员的做法让客人潜意识里觉得包就是落在餐厅里，因此，餐厅要负责。而经理的处理方法既尊重客人、为客人着想，又维护了酒店的形象。

案例 12：对服务质量不满引起的纠纷

【案例】

某周六，酒店的早餐人数已达饱和状态，导致餐具数量不够。客人的需求很多，餐厅服务员人手不够，因此，场面有些混乱。其中一位客人对餐厅的服务表示不满意，原因是该客人需要一副刀叉，而服务员将刀叉随手扔到桌上，还翻了翻白眼。后来，餐厅经理出面解决，让该服务员向客人道歉。

【案例分析与思考】

当餐厅用餐人数较多时，很多客人可能会同时提出各种需求，这时，应当分清轻重缓急。与客人接触要一直保持微笑，语气动作要温柔，不能自乱阵脚。另外，客人再多也应保证服务质量。

案例13：现实有时候比想象好

【案例】

最近几天，因西餐厅不太忙，我被安排到中餐厅帮忙看包厢。实习以来我一直待在西餐厅，现在刚到中餐厅就要独立看包厢，虽然之前也练习过中餐的服务礼仪，但是没有实际操作过，着实使我忧愁，担心被投诉。到了上班时间，我一直特别紧张，在包厢的餐台边手足无措，不知从何下手。后来，寻求隔壁包厢同事的帮助，才得知怎样做好餐前准备。接着，组长也过来了。经过她们的帮助，我很快镇静下来，餐前准备很完整，餐间服务也没有出现错误。

【案例分析与思考】

不管是中餐还是西餐服务，要提高服务质量，就必须全面学习并掌握不同的礼仪，注重细节，总结经验，从而使自己能够游刃有余。因此，永远不要害怕去尝试自己不熟悉的事物，不要永远待在自己的舒适圈中。本案例中，酒店安排换岗对实习生来说也是一种体验和收获。经过不同岗位的锻炼，才能获得更多的经验，才能更好地提高自己的服务技能。也不要害怕与人交流，只有学会沟通你才能获得帮助。在服务中总会遇到这样或那样的问题，只有不断请教别人，你才能学习到别人的经验，才能得到有效帮助，更好地完成自己的工作。

案例14：你辛苦了

【案例】

我工作了几天，渐渐熟悉了西餐厅的服务流程，收拾整理的速度也比刚来时快了很多。因为晚餐有很多海鲜，特别是小龙虾有很多客人喜欢吃，因此，晚上收盘子就要特别快，不然吃过的海鲜壳就会堆积起来，桌面上很难看，客人也会不方便。今天，碰到一桌客人中有老爷爷和老奶奶，由于离我所站的台面特别近，就时常过去收拾。他们特别和蔼，我每次过去整理时都对我报以亲切的微笑，并且说："小姑娘，你真勤快！""小姑娘，真是辛苦你了！"虽然这是我的本职工作，但是，听到客人的赞扬真的很开心。特别是在疲惫的时候看到客人的微笑，听到客人的表扬，一下子又能精神抖擞。

【案例分析与思考】

刚开始工作时可能会有一些新鲜感，但是熟悉以后，就会觉得特别无聊，所以，需要不断寻找并确定"小目标"，促进自身成长。就像半杯橙汁的故事，悲观的人会说"橙汁只剩半杯了"，而乐观的人却会说"橙汁还有半杯"。对于酒店工作也是如此，如果你一味地悲观，只会觉得工作索然无味；但是，一旦乐观起来，就会发现也有许多让你开心的事情。

案例15：包苏丹的微笑

【案例】

因最近才开始接触迎宾工作，包苏丹非常担心不能很好地胜任，于是，每天提前10分钟到岗。心里虽然忐忑不安，但她在心里告诉自己：一定是某个闪光点被发现才被安排到这个岗位。于是，自信就来了，心里一下子强大起来，带着真诚的笑容与路过的每位客人打招呼，热情地对他们的到来表示欢迎。大部分客人也会对她报以微笑，有些即使匆忙路过也会点头示意。有时候也会碰上一脸严肃甚至不耐烦的客人，但只要对他们展露真诚的微笑，他们的神色往往也会缓和许多。这时，包苏丹的满足感油然而生。从此，她不仅仅把迎宾当成工作任务，也当成性格的锤炼、交往艺术的积淀，因此也得到了客人的好评。

【案例分析与思考】

微笑是服务的宗旨，是酒店服务质量的重要标准之一，也是酒店对每一个员工的基本要求。微笑是一个人内心真诚的外露，是具有感染力和影响力的。本案例中，包苏丹正是因此受到客人的好评。正如卡耐基所说："微笑，不花费什么，但却创造了许多成果。微笑丰富那些接受的人，而又不使给予的人变得贫瘠。微笑在一刹那间产生，却给人留下永恒的记忆。我愿意一直用微笑去努力感染他人。"

案例16：尽力帮助客人

【案例】

今天，因为西餐厅比较空闲，我又一次被派到宴会厅帮忙。在这次宴会厅的服务中，我深刻感受到该怎样满足客人的要求。

在服务过程中，有一位客人需要醒酒器以及白酒杯。因为不清楚这些物品的摆放位置，我请客人稍等后询问宴会厅的服务员。这个服务员可能因为上菜比较忙碌，就对我说："别拿了，拿了还要自己洗，你就跟客人说没有。"我不赞同他的说法，就去询问别的服务员。当客人看到我拿的醒酒器以及酒杯时连忙道谢。虽然宴会厅结束后要洗很多杯子和醒酒器，但是我并没有觉得累，反而觉得很开心。顾客就是上帝，对于顾客的合理需求我们应该尽力去满足。

【案例分析与思考】

服务本身就是满足客人个性化的需求，要让客人宾至如归，有更加美好的体验感。本案例中，宴会厅服务员的说法是不对的。在服务过程中，不能因为自身的原因就拒绝客人的合理需求，更何况是在自己力所能及的情况下。

案例 17：一杯温暖的姜茶

【案例】

小芳姐是我们西餐厅的领班。我时常发现她的一些小细节让人感到非常温暖。一天，西餐厅来了一位戴着口罩的女客人，偶尔咳嗽，我们都看到了，想着这位客人可能是感冒了。不一会儿，我看到小芳姐拿了一个杯子递给那位咳嗽的女客人，并且与客人说了几句话，虽然没有听清楚讲了些什么，但是我看到客人笑了。事后，我询问小芳姐。她告诉我，刚才去厨房让厨师为客人做了点姜茶，并说以后如果看到客人咳嗽，也可以给客人倒杯姜茶，这样，客人来我们餐厅会觉得更加温暖。

【案例分析与思考】

在工作中，也许你可以发现很多问题存在，但是，却很少用自己的实际行动去解决，就像小芳姐的一杯姜茶。本案例中，许多服务员都看到了这位女客人在咳嗽，也知道客人感冒了，但是，没有一位服务员上前询问，或者为客人倒杯开水。我想，如果我是那位客人，即使我不喜欢喝姜茶，也会被小芳姐的关心与体贴所感动。

案例18：特殊的配合

【案例】

周末的西餐厅永远都是那么忙碌。临近晚餐时间，一位中年男子行色匆匆地来到餐厅，所有的人都以为他是来用餐的，做好了接待准备。但是，经过详细了解，才知道为什么他会这么着急。原来，这位客人的父母认为餐厅的晚餐是付费的，不愿意下来就餐。而这位客人为了让他的父母过来用餐，希望餐厅配合他，让两位老人认为晚餐不用付额外的钱，是用酒店赠送的晚餐券付的。对于这种情况，我们绝对是很乐意配合的。在用餐期间，我们为这两位老人做好服务，让客人体会到酒店的服务品质。在后来的两天内，这两位老人又与家人继续在餐厅享用了晚餐，对此我们予以特别关照。两位老人连声称赞酒店的服务到位。

【案例分析与思考】

本案例中，客人的额外要求对酒店来说轻而易举，但对客人来说，这是孝心的体现，也是一家温馨团聚的机会。因此，酒店在做好配合工作的情况下再给予特别关注，让客人在感受超值服务的同时更能感受到酒店的诚意，有利于提高客人的满意度与体验。

案例19：差评

【案例】

27号出来一条差评，其中有一句写道："今天上午，在一楼西餐厅遇见一位穿灰色西服戴眼镜的男性酒店工作人员，对客服务态度非常冷漠而又生硬，这是要把客人都推出酒店的节奏吗？”这位客人所描述的这位酒店工作人员是我们的领班，但他是出了名地对客人友好礼貌。后来经过了解，这位客人是白金卡客人，于27号10点30分左右来西餐厅用早餐。但是，早餐时间是6点半到10点，已经结束了，并且开始摆中午的菜品。领班把情况告知对方，可客人表示想吃刚摆出来的菜品。领班说："这是午餐，要付费的。"客人非常生气，便有了这条差评。

【案例分析与思考】

本案例中，既然是白金卡客人，就一定知道酒店早餐于10点结束。那他为什么会10点半才来？无非是白金卡客人的任性罢了。但是，酒店领班并不会去怪罪这位客人。服务行业的弊端就在于客人的错也是你的错。后来领班说，当时这位客人没有说明自己是白金卡客人，要是说了，会让厨房单独烧一些食品。

案例20：细心的服务员

【案例】

一日晚餐，1号包厢的客人欧阳先生与家人正在用餐。用餐过程中，欧阳先生的女儿看到菜盘装饰用的巧克力酱，就用筷子蘸着吃。于是，欧阳先生要求服务员把所有装饰用的巧克力酱都放到他女儿面前。后来，服务员将情况告知领班，领班马上到厨房装了一碗巧克力酱。当这碗巧克力酱上桌时，欧阳先生的女儿高兴地拍起手，在座客人也很满意。在埋单时，欧阳先生还对服务人员竖起大拇指。

【案例分析与思考】

服务员注意到客人的细节，能够发现并满足客人的潜在需求，让客人感觉到酒店服务的贴心、细致，感受到酒店的温暖。本案例中，服务员很好地诠释了这一理念，赢得了客人的好评。

案例21：要懂得相互体谅

【案例】

今天在吧台学习收银，很有新鲜感。

一开始，我只是学习一些简单的开台、入单、结账等操作。等我熟练掌握了基本知识后，师傅Kitty把她遇到过的解决方法都告诉了我，包括下错单、自定义酒水、打折、挂账等，并一一示范操作。虽然我觉得会了，但在实际操作时还是会有很多小失误。我在操作点单机的时候动作很慢，尤其是与钱相关的事更是小心翼翼，我逐渐感受到之前在外场催收银点单时收银员是多么无奈啊！

【案例分析与思考】

本案例中，我之前没有体验过收银员这个岗位，所以，从来不觉得催收银点单有什么问题，觉得既然做了收银员，那就又快又正确地操作。现在，自己学了收银，能感同身受了。在我们的工作中，应该经常换位思考，多想想别人的难处，要体谅对方。

案例22：吧台有您的电话

【案例】

一位客人在聚餐后把银行卡交给服务员买单。收银员小孙接过客人的卡后，在POS机上操作时发现屏幕显示余额不足。小孙想了一下，然后请服务员告诉客人：吧台有他的电话。当客人从包厢赶过来后，小孙说明了情况，并建议客人可以先用银行卡支付，不足部分可以用现金支付。客人很高兴地接受了建议，并真诚地说："谢谢你，小姐，你想得太周到了！"

【案例分析与思考】

收银员在为客人结账过程中会碰到各种各样的状况。本案例中，收银员小孙做得比较好。第一，发现客人的银行卡余额不足时，没有让服务员直接告知客人，而是用"吧台有您的电话"的方式巧妙地将该客人调离客人密集的包厢，在较隐蔽的收银台处向客人说明，为客人保留了面子。第二，提出了解决问题的合理化建议，让客人乐于接受。

案例 23：不让客人尴尬

【案例】

某日上午，一位客人用餐结束后到吧台结账。当收银员接过客人的会员卡时，发现卡面编号的最后一个数字已模糊不清。客人解释是前几天不小心刮掉的，也没记住卡号。针对这种情况，收银员完全可以请客人改用其他方式付款，但从客人的神色中看出可能没有携带其他付款工具，如果拒绝刷卡，会使客人感到尴尬。于是，收银员帮客人仔细辨别、查询，并致电会员部门进行核对，终于查出最后一位数字，顺利地为客人办好结账手续。客人脸上露出满意的笑容。

【案例分析与思考】

要给客人优质的服务，首先要发自内心，让客人感受到热情；其次，在服务时要能够准确地了解客人的需求，在能为客人解决的情况下尽力满足客人的需求，给客人宾至如归的感觉；最后，针对不同客人的性格与习惯用不同的方法去服务，才能达到最佳的效果。从这个案例中，可以清楚地看到酒店员工所呈现的“宾客至上”的服务理念和服务意识，体现出酒店的服务质量。

案例 24：客人的投诉

【案例】

晚上 7 点半到 8 点这一时段是餐厅最忙碌的时候。餐厅的服务员要抓紧时间收拾干净上一桌客人使用过的餐桌，以供下一桌客人使用。但是在这个过程中，另一个区域过来帮忙的服务员不小心把喷壶里的洗洁精水喷到了一位女士的脸上。此时，这位服务员没有发现，该女士也没有当面说什么。但是，这位女士结账时找到领班投诉了遇到的状况。领班听后马上道歉，并表示会及时改正。在第二天的例会上，领班通告了这件事情，并且要求我们今后在擦桌子时把喷壶放低，一定要细心。

【案例分析与思考】

本案例中，由于服务人员的粗心导致了客人的投诉。做服务行业要时时刻刻抱着服务他人的心态，即便是在非常忙碌的情况下，也不能乱了阵脚。在细心地做好份内工作的同时，尽量满足客人的需求。

案例 25：特殊的结婚纪念日

【案例】

某个夜晚，有一位先生要与太太在餐厅庆祝结婚 30 周年。餐厅工作人员准备给他们一个特殊的惊喜，让他们留下难忘的回忆。于是，工作人员动用各种资源为他们准备了餐车、香槟、蛋糕、蜡烛与先生预先准备的礼物。当客人进入餐厅时，我推着经过装饰的餐车走到这对夫妇面前。领班示意女士闭上眼睛，然后从大衣里拿出玫瑰花递给先生，让先生亲自献给爱人。这对夫妇热泪相拥的那一刻，我们也被感动了。

【案例分析与思考】

从这件事情中，我感受到酒店人存在的意义，会因为客人的一瞬间感动而欣喜不已，从客人的开心中收获生活的乐趣与惊喜。就像索菲特西湖大酒店的文化理念一样：Life is Magnifique（生活是美妙绝伦的）。

案例 26：推荐的艺术

【案例】

在大堂吧让客人点单时，服务员总是习惯性地说："您好，您需要点什么？"因此，有的客人就点最大众化的饮料，而有的客人则干脆不点。一段时间后，饮料的销售业绩平平。后来，经理要求服务员换一种方式询问："先生，我们餐厅有椰汁、杧果汁、胡萝卜汁等饮料，您要哪一种饮料？"结果，很少有客人再点价格相对较低的饮料，转而选择价格相对较高的饮料。从此以后，饮料的销售额有了明显增长。

【案例分析与思考】

心理学里有个名词叫作"沉锚效应"：在人们做决策时，思维往往会被得到的第一信息所左右，而第一信息会像沉入海底的锚一样把思维固定在某处。服务员在推销饮料等产品时，以"是"或"否"的方式询问，得到的答复往往是"要"或"不要"。如果以选择性方式提问，客人往往会从中作出选择。另外，酒店要提高服务人员工作的主动性和积极性，变被动服务为主动服务，积极向顾客推荐新品种、好品种。

案例 27：熟客的请求

【案例】

有位在酒店消费了快 20 年的熟客，每天都会在 17 楼喝咖啡，因此，与每个服务员都非常熟悉。有一天，他与当班的服务员商量在此存放几包咖啡豆，并表示今后每次来时帮忙做一杯，按一杯柠檬水的价格收取费用。服务员觉得是多年的老顾客，便同意了，之后，还在群里通知大家。谁知领班们知道后，责问该服务员为什么不经请示就私自答应客人的要求。随后告诉她，酒店不接受客人任何食物的储存，要求下次跟客人解释清楚并归还咖啡豆。

【案例分析与思考】

对于在酒店消费 20 年的老顾客是可以提供一些优惠与便利的，但事关食品安全，必须小心谨慎。况且，一般酒店是不接受客人食品寄存的，除非是酒店内的食品。

案例 28：有洁癖的 W 女士

【案例】

W 女士是索菲特西湖大酒店的白金卡客人，也是常住客人。W 女士为人开朗大方，每次都会给酒廊的每个人带些小礼物，与她相处就像朋友一般。但她在生活中是有洁癖的。因此，每次只要在客人名单上看到她的名字，我们都会为她准备好需要的东西。如每天早上她来酒廊时，我们会用开水消毒餐具，用纸巾铺好她坐的位置，并准备一些她爱吃的人参果。中午时会准备好中餐厅涌金阁的菜单，待她点完餐后，再一次消毒餐具。因此，W女士表示，每次在酒店感受到的服务都非常贴心。

【案例分析与思考】

很多时候与客人可以像朋友一样相处。在与客人相处时注意换位思考，尊重其生活习惯。只要注重细节，多为客人考虑，他们一定能感受到我们的用心。

案例29：遵守岗位纪律

【案例】

酒店的每个岗位都有要遵守的纪律。但是，实际情况往往不尽然，我们经常会因为各种原因而违反纪律，尤其是工作时的闲余时间或者不忙碌的时候。

这天，会议开始前我和另一个看会的同事都去准备茶歇了，但会务组有很多问题需要帮忙解决，然而，我们并没有在厅内。于是，会务组直接找到了领班。实际上，上班时工作分配已明确，会议开始前是需要有一个人在厅内的，因为我的失职给领班造成了困扰。会议开始后，如果会务组没有其他需要，基本上就是在厅里或厅外站着。如果会议内容又没有吸引力，就会越发觉得枯燥、无趣，这时候便会掏出手机看时间。虽然一般情况下，仅仅是看看时间，其实这也不好。上班期间就应该遵守纪律，无特殊情况不应该掏出手机。

【案例分析与思考】

上班纪律应该严格遵守。本案例中，会务组没有通过我们直接找了领班，这些都会给领班造成很大的麻烦。会议厅内的问题能解决的就自己解决，解决不了的再求助其他同事或领班。另外，上班期间玩手机是个很严肃的问题，尽管开会期间枯燥乏味，仍应该遵守纪律，克制住自己。

案例 30：体谅最是温暖

【案例】

晚上在二楼三立厅开会，是一个关于经济学类课程的会议，气氛严肃却又不失激情。在这样的氛围下，我的内心是紧张的。

会务组的负责人看起来十分严肃，尤其是在他要求我关掉后门之后，我更加如此认为，这让我的行为也有些拘谨，不敢随意走动。在整个会议过程中，我都是面朝前方笔直地站着。之后，这位负责人提出了一些要求，我都一一为他提供并解决了。后来，他再次招手，我快步上前倾听。不料他说："你这样站着太累了，到边上的椅子上坐一会儿吧。"听后，我十分吃惊。这么长久工作下来，从未有过客人觉得我们站得久会累让我们坐下的。我的内心被触动了，顿时觉得非常温暖。我很开心地回答："没关系，我不累的，谢谢您。"实际上，当时真的很累，但这样的话语足以让我提起精神工作。

【案例分析与思考】

客人的体谅让我感到温暖。如本案例中，尽管我们的工作对于绝大多数客人而言是理所应当的，但这种从未有过的温馨话语，让我甘心付出更多的热情。这些都是我们努力工作、为他们创造更美好服务体验的最大动力。

案例 31：常客的习惯

【案例】

陈先生是酒店的忠诚客户，每次都喜欢入住行政楼层，且习惯约几位好友去总统酒廊聊天。陈先生第一次来时点了一壶红茶；第二次来时依然点了红茶；第三次来时，细心的服务员小沈微笑着询问："陈先生，您好。今天还是喝红茶吗？"陈先生开心地对朋友说："这儿的服务真不错，服务员很用心，我来过两次，就已经知道爱喝红茶了。不过今天我想换换口味，改喝咖啡。"

【案例分析与思考】

目前，酒店都在提倡个性化服务，收集并运用客史档案是做好个性化服务的一个重要手段。但是，在实际操作中服务员往往把握不好尺度。熟悉客人，细心牢记其习惯爱好，并不等同于客人的喜好不会改变。本案例中的服务员很细心，捕捉到陈先生的喜好信息，但是，没有擅自决定为客人泡上红茶。因此，在服务中要处处做个有心人，热情服务又不忘尊重客人。

案例32：传达错误信息

【案例】

今天酒吧有些忙，有一桌客人坐到卡座一段时间后也没人递上酒单和菜单。我所在的区域暂时不忙，就拿着酒单上前去："您好，这边卡座的低消费是4000元，我推荐您……"话还没说完，其中一位女士说："你们这边的低消费不是2000元吗？怎么现在又是4000元了？"我回复道："不好意思，您可能记错了，我们这边的低消费是4000元的，低消费2000元是下面的这排沙发位。"那位女士听后非常生气，说："我已经打电话确认过，怎么可能会记错？是你们搞错了吧？"由于是第一次遇到这种情况，我便说："那您先看一下酒单，我去询问经理。"

于是，我把这件事告诉了经理。经理询问了酒店咨客后了解到是咨客记错了价格，把4000元说成了2000元。后来，经理带着咨客向那位女士道歉，并赠送了一份果盘。那位女士才消了气。

【案例分析与思考】

酒店咨客要对酒吧的基本情况了如指掌。在接预订电话时要把正确的信息传递给客人，避免造成本案例中的尴尬情况。当遇到投诉时要认真倾听客人的抱怨。即使是客人的错，也不应该直面说出来，让客人处在尴尬的境地，更不能不清楚具体情况就与客人争论，因为这样做可能会适得其反。

案例33：宾客之星的投诉

【案例】

一天下午，从大堂吧走出两位女士，询问一楼的大堂吧是否属于酒店的内部部门。在得到我的肯定回答后，客人继续询问写差评的地方。听到这里，我急忙询问事情的经过。原来客人退房后与朋友在大堂吧稍做休息，同行两人仅点了一杯饮料，而酒店大堂吧是按座位收费的。客人反映在与服务人员的沟通过程中，服务人员态度差，用词不够礼貌，感觉没有受到应有的尊重。忽然，我发现这两位客人比较眼熟，一想，原来是前一天办理入住的“宾客之星”。客人表示入住期间对礼宾部、前台部和房务部的服务感觉都很棒，本来计划下次来杭州时仍然入住在此，但没想到退房后出现大堂吧这种不愉快的事情。最后，由大堂副理出面道歉，并承诺下次客人入住酒店赠送行政待遇等优惠才安抚住客人。

【案例分析与思考】

酒店作为服务行业，在大多数情况下，做得好的方面很难被客人记住或者夸赞。一旦出现不足或差错，哪怕是看似不大的问题也会被无限放大，出现100减1等于0的现象。因此，只有努力提高服务质量，才是真正要追求的宗旨。

第三章　客房部实习案例

案例 1：师傅的教导

【案例】

某天早晨，正当我整理洗手间时，一位女客人悄然而至。忽然，我听到客房里传来一阵窸窸窣窣的声响，猜想这可能是拿药发出的声音，便探出头去，果然看见客人手里拿着一瓶冰凉的矿泉水准备吃药。此时，我的脑海中浮现出师傅的做法——只要看到桌子上摆放了药物，就会为客人准备热开水。于是，我在洗净手后，迅速拿起热水壶为客人准备开水。

客人退房后，我看到一张留言单，上面写着："致服务员谢 ××，谢谢你细心地为我添了一壶开水，使我感到很温暖。有你这样的服务员，酒店肯定会生意兴隆！谢谢！"我的心中第一次产生了得到客人肯定的欣喜。

【案例分析与思考】

客房服务员不仅要为客人整理出干净整洁的房间，还要为客人提供更加舒适的服务。案例中的女士生病了，肯定需要温开水服药。服务员不需要客人的指示就能及时提供，很好地践行了台州开元大酒店的关怀理念。

案例2：贴心服务

【案例】

施先生是台州开元大酒店的常客，每周都会入住一到两天。他第一次入住时，碰巧是我为他打扫续住房，提供剃须刀，还帮忙整理房间里的衣物。我发现施先生讨厌苹果，最喜欢的水果是香蕉，习惯把水果当作夜宵；如果垃圾桶不套上垃圾袋，绝不会往里面扔垃圾；经常忘带剃须刀。当我了解到他的喜好后，就写进了宾客档案。从此以后，每次他入住开元酒店，楼层服务员在开夜床时都会把水果换成两根香蕉和一个橘子，在洗手间里放上剃须刀，并且给卧室的垃圾桶套上垃圾袋。因此，施先生决定以后到台州出差就住在开元酒店。

【案例分析与思考】

酒店对常客有更多的了解，这也便于提高服务质量。营造家的感觉，给予客人管家般的服务，这就是管家部希望达到的目标，也有利于提升客人的体验价值。其实，不仅是对施先生，对待每个客人都要将服务做到最优。

案例3：保存杨梅

【案例】

我在打扫3051房间时发现客人带了很多杨梅。由于天气炎热不易保存，我赶紧把杨梅放入房间内的小冰箱里。考虑到客人回来后可能会找不到，便用留言单告知，并准备了一包塑料密封袋和几个果盘，方便客人分装和食用。客人回来后很高兴，退房时特意向大堂副理表扬了我，并在房间里给我留下一小碟杨梅。

【案例分析与思考】

很多时候，我们与客人是将心比心的。我们用心为客人服务，客人也希望回报我们的用心。这样不仅用心服务了客人，也使我们觉得自己的工作充满意义。

案例 4：为客人推荐旅游景点

【案例】

随着台州旅游业的蓬勃发展，各旅游景区吸引了周边城市更多的游客前来观光旅游。

这天，从上海远道而来的何教授一家也慕名而来，分别住进了 7026 和 7028 房间。第二天早上，我在整理房间时碰到何教授。在聊天过程中，何教授得知我是来自台州学院旅游管理专业的实习生，便兴冲冲地向我了解台州的旅游信息。我为他作出详尽答复，并推荐了几个景点。何教授感到非常满意，就出发了。后来，我想何教授一家还要在台州住好几天，因此，在工作结束后再次进入 7028 房间，将书桌抽屉里的旅游地图和图册放到书桌上，并附上留言单。没想到的是，何教授一家只住了两个晚上就退房了。

我有些失落地进入 7028 房间，却惊喜地发现台灯下压着一张留言单。何教授在留言单上写道："尊敬的台州开元大酒店领导，你们好！作为开元的会员，这一次入住开元酒店的体验非常好。本来担心因人多会导致服务下降，实际情况很好，尤其要表扬的是 7026 和 7280 两间房的服务员小谢同学。作为一名大学老师，我非常认可贵酒店的模式，校企合作是培养人才唯一正确的模式，我很认可开元这一品牌，今后将一如既往地选择入住开元大酒店。"

看到何老师的回复，我非常激动，喜滋滋把留言单交到领班手中。

【案例分析与思考】

卓越不是标准而是一种境界，在于将自身的优势、能力以及所能使用的资源发挥到极致。服务人员及时关注客人的需求并且主动提供帮助，更能在客人心中留下深刻的印象，助力打造卓越的酒店品牌。

案例 5：客人的赞美是最好的认可

【案例】

今天，一个我国台湾地区团队入住，因为所使用的手机制式与祖国大陆不同，所以连接 Wi-Fi 的方式也有所不同。快捷接到电话后要求我去帮忙。我到达后发现除了连接网络外，还有客人需要送水、调电视、送拖鞋……一时间我很忙。虽然很忙，但始终面带微笑。后来，受到了客人真诚的感谢和团队导游的表扬。

【案例分析与思考】

虽然在工作过程中有时会很累，有时还会遇到一些比较冷漠的客人，但还是会有客人给予鼓励，认可服务。因此，需要更加努力去学习、去工作，更好地为客人提供服务。

案例 6：长久地等待

【案例】

晚上，6 楼的一个客人进入房间后诉说烟味太重。快捷通知前台给客人换了客房。过了一会儿，该客人来电要求开门，快捷回复马上派人过去。因为是换房间，所以需要前台制作新的房卡。而此时楼层服务员比较忙，因此，通知前台让礼宾员把客人的新房卡送上去。本以为这个客人的换房服务已经完成，然而，大约过了半个小时，客人再次来电催促开门。这时，大家意识到出了问题。快捷打电话追问前台，前台把责任推到礼宾员身上。领班急忙上去查看，原来是礼宾员送的房卡打不开房门，而客人已经等待了很久，很不高兴，领班一再道歉。

【案例分析与思考】

在我看来，遇到事情第一步应该做的是弥补错误并解决问题，而不是追究责任，如及时安抚好客人的情绪，尽量弥补造成的不便。解决之后再考虑错误发生的原因。最后，要让各部门引以为戒，更好地为客人提供服务。

案例7：未确认的客人

【案例】

2110 房间的客人出门了，我和师傅一起整理房间。在快结束时，师傅有事先离开了。因为打扫房间时房门是开着的，此时一位先生未刷卡就进入房间。我以为是该房间的客人而未在意，并向其解释正在打扫，需要等待几分钟。后来，师傅得知我没有确认这位客人的身份，马上确认了客人的身份。

【案例分析与思考】

服务员在打扫时，如果有人未刷卡进入房间，出于对房间内物品负责的态度，一定要对其身份进行确认；如果不确认身份，可能会给真正的客人带来损失，如丢失物品、侵犯隐私等情况发生，还会给客人和酒店带来损失。

案例 8：卡片放错了

【案例】

一位实习生送水果到 2501 房间。正准备离开时，房间里陪同客人的先生告知欢迎卡片放错了。实习生立即向客人道歉，并回应马上更换。出房间后，实习生立刻向领班说明情况，明白了原来是销售部的员工把 2501 和 2502 房间的卡片互相放错了。之后，实习生重新到 2501 房间向客人说明情况并再次道歉，并调换了卡片。

【案例分析与思考】

酒店出现这种错误是内部沟通出现问题。

第一，重要客人入住，服务员毫不知情。

第二，前厅部和房务部沟通不及时，导致房间号和客人的入住信息不一致。因为有些工作是在客人到来之前做好的，这时有任何变动都要及时通知到位。

第三，欢迎卡片是销售部放的，这说明销售部与前厅部、房务部之间的沟通不到位。

案例 9：令人敬佩的朱大叔

【案例】

晚上 11 点，房务中心接到客人来电，告知洗手台的水下不去。起初，我以为是客人不清楚使用方法，到房间后闻到一股很浓的酒味，才发现是客人醉酒后的呕吐物把塞口给堵住了。此时，客人的朋友非常难为情。于是，我联系了维修工朱大叔。朱大叔到达后，非常娴熟地拔出塞子，徒手把呕吐物装进垃圾袋，并清理干净了洗手台。

【案例分析与思考】

在这个案例中，朱大叔的服务态度感动了我。我见过客人因醉酒而破口大骂维修人员。可是，朱大叔在这么晚的时间去处理本该PA做的事情，毫无怨言，真的令人敬佩。

案例10：客人借用物品怎么办

【案例】

今天跟师傅跳楼层做房间。原本固定的楼层是22楼，今天跳到7楼。正当我们在7楼做房间时忽然接到电话，告知2225房间的客人要洗衣服。于是，师傅就让我去收衣服。2225房间的客人填写洗衣单时，2215房间的客人来电询问有没有华为充电器。我想，反正要拿着衣服去房务中心，正好去借用华为充电器，就答应了。后来，我只找到数据线，就询问快捷的同事。同事回答："没有了，谁让你们私自答应的，以后就告诉客人没有。"当得知是2215房间的常客时，才告知到另一个地方领取。

【案例分析与思考】

我认为快捷同事的说法是不恰当的，就算是拒绝客人的要求也要委婉。当我与师傅说了我的遭遇时，师傅对我说，以后上中班会经常遇到这样的事情，可以对客人说："您稍等，我帮您问一下，看还有没有？"然后再询问快捷。从这件事中，我明白了贸然答应客人是有风险的。另外，如果不能解决客人的需求，也要学会组织好语言。

案例11：房间设施投诉

【案例】

这天夜班，刚开始准备一系列工作接替同事下班，电话铃声响起。来电客人表示房间设施太陈旧，完全看不出是五星标准。我看了看电话上显示的房间号便心中有数。客人入住的房间确实是属于最基础的高级大床房，仅经过翻新，由于酒店年头较久，房间设施设备的确跟不上五星酒店标准，而且也不是头一回有客人投诉此类问题。于是，我便向客人解释缘由，但客人认为这是酒店自身的问题，不能让客人承受。随后我征询大堂副理意见，在得到肯定回答后，我向客人表示诚挚的歉意，希望通过赠送早餐以及行政待遇等解决硬件设施带来的问题，最终安抚住了客人。

【案例分析与思考】

当面临客观工作环境暂时无法改变时，酒店服务人员应当随机应变，在有限的条件下尽最大努力去改变客人不满意的观感。同时，作为酒店运营方，其品牌影响力、价格以及综合实力要相匹配，硬件设施问题不能成为提供优质服务的阻碍，这种矛盾冲突是完全可以避免的。如果一味地治标不治本，不顾客人的感受，将会面临走下坡路的危机。

第四章　其他顶岗实习案例

案例1：面试岗位

【案例】

19号早上我们一起去办了健康证，下午就是激动人心的选岗环节。留给我们女孩子的工作岗位其实并不多，只有餐饮部和游乐部的一些岗位，而客服清扫则谁也不想去。男生的机会相对多一些，有礼宾员、接待员等岗位。

当面试员询问有没有工作经验时，我表示曾在中国人寿当过一段时间的业务员，并告知当时的具体工作是向客人推销产品。然后，她继续询问我，如果岗位不符合预期会怎么办？我回答：“我是一个喜欢挑战自己的女孩子。之前老师让我去参加统计大赛，一开始一窍不通，就与队友一起学习研究，后来，在学校里取得了不错的成绩，也有资格去参加省赛。因此，不管岗位是否符合预期，都会全力以赴。”最后，她询问我怎么处理客户投诉。我表示在学校曾经参加导游风采大赛、辩论赛等活动，语言应对能力还是可以的。最后，我顺利地通过面试，成为游乐部的GR。这个岗位的主要工作是在游乐部的闸口检票、发放物品、卖卡等，虽然有挑战性，但我还是很喜欢。在游乐接待休息室里，领班告知我上班期间的妆容、发型等注意事项，以及关于乐园的应知应会内容。

总体来说，这是一次成功的面试，我心里美滋滋的。

【案例分析与思考】

本案例中，这是我从小到大第一次较为正式地面试一个岗位。从面试官抛出的问题看，如果提到在大学里的表现，而我确实在某些方面有优势，那会具有一定的竞争力；如果从社会经验来看，我是十分不足的，但是，现在的面试都会看重这一点。因此，我也明白了，如果有机会还是要去尝试。另外，在面试前应充分做好准备工作，如果能挖掘自身的优势则能给面试岗位增加成功的概率。

案例 2：到底是服务中心还是商务中心

【案例】

8 月 3 日，一位客人来到商务中心，告知实习生小吕有一台苹果品牌的笔记本电脑存放在这里。小吕询问具体日期时发现当天是她上班，但当时并没有收到笔记本电脑，立刻向客人作出解释。可客人表示 7 月 13 日离店时把笔记本电脑遗落在房间，刚才问过前台，前台告知物品就在二楼商务中心。于是，小吕询问其他同事是否收到过，大家均表明没有。因为一般客人丢失物品都存放在服务中心。后来小吕拨打服务中心的电话，证实笔记本电脑确实存放在服务中心，服务中心马上把笔记本电脑送到了客人手中。

【案例分析与思考】

在这个案例中，主要是客人混淆了商务中心与服务中心。因此，前台在向客人传达信息时要口齿清晰，以免客人听错而找错地方，浪费时间。另外，实习生在处理问题时切不可与客人争论，也不可一味地推脱责任，应该把解决客人的问题放在第一位，保持冷静，考虑细致，找对正确的部门。

案例 3：前台操作不当

【案例】

一位住店客人到前台支付理发费用。当前台人员询问所需要的结账方式时，该客人告知挂房账。前台人员询问到该客人的房间号（641）后，让其在转账单上填写房号及签上自己的名字。然后前台人员把信息录入系统中。第二天，财务部来电告知这笔账有问题，因为询问 641 房间的客人时表示没有理过发，也没有在俱乐部有过消费。之后，通过监控发现该客人不是 641 房间的，而是 621 房间的。应该是那位客人故意为之，但人已离店，债务也无法追回。

【案例分析与思考】

因前台人员没有按照酒店规定的流程操作，导致发生财务上的问题。原本应该让客人出示房卡，在前台系统上刷一下，并向总台查询该房房客能否挂房账。但是，因为工作失误让客人钻了漏洞。因此，今后应该严格按照流程操作，杜绝此类事情再次发生。

案例 4：第一天上班

【案例】

来到美国这陌生的环境，经过两天的培训，忐忑地迎来了我的第一天工作。当天，准时来到了工作地点 pizza parlor，这家店主营比萨，旁边还有几个卖酒水、饮料与面包的窗口都属于我们的工作范围。

第一天，主管安排我在卖饮料的窗口上班。第一个大挑战就是学会店里的收银系统。全英文的点餐系统、看不懂的菜单、复杂的操作、不熟悉的美元币值以及主管快速对我表达的一大段英文讲解，顿时让我失去了对工作的信心。我寻求外国同事的帮助，让我再次熟悉收银系统以及菜单上没见过的单词所对应的东西，虽然一直在反复记忆，但问题接踵而至。首先是与顾客的点餐沟通过程中，我一直在说 sorry、please，需要客人重复一遍甚至几遍才能听懂；接着就是收银操作总是出错，一旦不小心点了其他东西，作为工作人员，我们是不能删除取消的，要由主管用她的 ID 卡才可以；同时，由于所有东西的价格都不是整数，因此，我特别担心找错钱，因为一旦找错一方面是担心客人责骂，另一方面是重新找钱又需要报告主管并用她的 ID 卡打开钱柜……

一天下来，我不断出错，一直在寻求同事及主管的帮助。但是，一天的工作结束后，主管并没有责怪我，反而鼓励我，这让我又有了工作的动力，相信自己能很快胜任并独立完成这份工作。

【案例分析与思考】

本案例中，工作的第一天就觉得接下来有好多困难在等着我，需要学习努力的地方有很多。虽然对于我来说，这一天的工作并不是很顺利，但是，所有面对的顾客都特别友好，同事也热情地帮助我，还有主管的鼓励，我充分感受到了这里的热情，相信自己能很快地融入。

案例 5：热情似火的同事

【案例】

今天，店里非常忙碌，我在自己的岗位上忙得不可开交。这时候，我们从别的店面调了一些热情似火的黑人朋友们来帮忙。他们的热情是我以前从未感受过的。工作的忙碌丝毫没有干扰到他们，边唱边跳为客人提供服务，积极与客人互动，热情推荐纪念品。当卖出一个乐园纪念杯时，他们会一起鼓掌欢呼，恭喜客人得到一个好杯子，祝福他们今天在乐园中玩得开心。在他们的热情服务下，每个客人的脸上都洋溢着笑容，店里的氛围就像是过节一样热闹。

【案例分析与思考】

今天的工作让我感受颇深，看到了忙碌疲惫中还能有这样的一种工作状态，也感受到了热情工作的魅力。虽然我没有他们那么外向，但是，也可以向他们学习。在以后的工作中，如果遇到心情低落的时候，只要想起这群热情似火的同事，总会给我以鼓励。

案例 6：14 与 40 的麻烦

【案例】

今天的工作岗位是售卖员，一天下来也没有特别的事情发生。原本以为就这样顺顺利利地结束了，就在将要打烊的时候，来了一位女士，询问一整份比萨需要多少钱。我便为她介绍套餐：单人套餐包含两块比萨、一个面包或者一份沙拉，价格为 13.99 美元；而一整份比萨需要 39.99 美元，加上税差不多是 40 美元。听了我的介绍，她再次询问："你确定是 40 美元吗？"我再次予以肯定："一整份比萨 39.99 美元。"于是，她点了一整份比萨，随后到收银台结账。不一会儿，她气呼呼地把收银员带过来，指着我说："就是她说的 14 美元。"面对这种情况，我有点迷茫了，告知收银员刚才说的是一整份比萨大概 40 美元。可客人并不这么认为，因此就说不清楚了。客人也有些恼火。这时候，主管听到吵闹声过来了。在了解了事情的经过后，对客人说："一整份比萨就是卖 40 美元的，您还需要吗？"客人没有购买，离去了。此时，我觉得可能是自己的英文水平不太好，导致 14 与 40 没说清楚，才引起了这次的麻烦，便向主管道歉。但是，主管并没有责怪我，反而安慰我对这样的客人不必有心理负担。

【案例分析与思考】

本案例中的事件发生之后，我进行了反思。认为本次事件发生的主要原因在于我，是我的介绍不够清晰才导致了客人的错误理解。因此，回宿舍后我不断练习 14 与 40 的发音，虽然是一个很小的问题，但是确实值得重视。对于这次事件，主管在面对客人当面指责我的时候，首先维护的是员工的利益，而不是帮着客人指责我。感动之余，我认为作为管理人员在这件事情上的做法是正确的，虽然会因此流失掉一个客人，但是维护了员工的尊严，增强了团队的凝聚力。

案例 7：未买票的客人

【案例】

今天下午我的工作岗位是乐园水闸口检票。由于人流量比较少，觉得时间过得很漫长。大概过了 10 多分钟，有一位女士带着两个小朋友过来了。女士表示要先进去看看活动场地里的水温和室温适不适合小朋友玩。但是，按照乐园规定，没有买票是不可以进去的，所以，我告知不可以。但是，在我再三拒绝后，她的态度还是很强硬。此时，正好师傅经过，在了解情况后，表示可以带她进去参观一下。最后，师傅告诉我，以后遇到这种情况可以联系质检人员，可由质检人员带进去。

【案例分析与思考】

本案例中，遇到这种强硬的客人坚持原则是对的。一是为了乐园的安全，二是为了客人的安全。但是，也没有必要与客人硬碰硬，要懂得随机应变，自己处理不了的问题可以找人帮忙。

案例 8：嘿！抬头

【案例】

有多少次在服务过程中，你的眼睛是盯着客人的倒三角区域？下次一定要记得抬头，也许正有一双眼睛等着你的安抚。

在酒店实习这么久，我国台湾地区客人给我留下很深的印象，传统文化保留得很不错，在酒店服务中最能深刻感受到的就是他们的礼仪。台湾地区客人需要帮助时很少用“喂、哎、那个”等字眼，一般会走到你身边后再说。每次把行李送到房间后，他们总会很响亮、很真诚地表示感谢。如果房间里有两个人，那么两个人都会表达谢意，有时甚至会先放下手上的事情表示感谢。因此，虽然有时行李多难免有点累，但我还是非常舒心。

有时，同样的话从他们的口中说出来总会效果更好，而让他们拥有这种魔力的就在于一个很小的细节——与别人说话时眼睛一定会凝视着对方，很少会把眼神挪到一边，就算指一下有疑问的物件将眼神挪过去了，但会马上回来继续凝视着你，等待你的回答。记得有一次给一个台湾地区团队送行李时，有位台湾地区老奶奶向我询问客房的一些问题，我一边回答一边清点着行李，眼神始终关注在行李上。而当她询问能否帮忙开空调时，由于过于专注加上搬行李时产生的声响导致我没能听清。可是，当我起身时却发现她一直注视着我，并且与我保持着合理距离。当看到我抬头看她时，她微笑着再次表示能否帮忙开空调，我很内疚，马上表示可以。

与之形成鲜明对比的是我自己，一次感谢一次道歉显得那么随意，一面说着欢迎词但眼睛却看着别的地方，很难去注视客人。而专业的服务人员在接待客人时要求盯着客人的倒三角区域。我认识到，实际服务工作远比理论中的要宽泛得多。

【案例分析与思考】

最近发现，服务员在服务过程中很热心、很专注地回答客人提出的问题，可是，很少会一直注视着客人，埋头式服务成了随处可见的现象，确实需要改进。有时，客人很着急，你可能感同身受，这时，一个眼神也足以表达。因此，我们在服务过程中要抬起头，注视着客人。另外，我觉得交流的“温度”主要靠语气与眼神体现。只要没有被某种情绪冲昏了头脑，失去了冷静，语气是可控的。但眼神是很难控制的，透露出的是你心里真实的想法。

案例 9：厚积薄发

【案例】

最近由于外宾比较多，所以在服务过程中有了一个很直观的感受——阅读很重要。最基本的是能否用英语与外宾作一般性交流，进一步地是能否让外宾邀请你坐下，并想认真地与你谈论，并且在临走之际特意过来与你道别，与你认真地握手。这些待遇绝不是见面时简单的几个问候以及满足客人需求能达到的，这里有着多年的积累，正如苏轼所说的“博观而约取，厚积而薄发”。

9 月 17 日，我在给一位马来西亚的客人处理 Wi-Fi 时，由于需要等待更专业的同事过来，因此，为了避免客人尴尬，我想到了马来西亚的著名羽毛球运动员李宗伟。于是，向客人表达了对李宗伟的赞许，客人立即打开了话匣子。比起马来西亚的一些著名景点，显然是李宗伟在国际上的地位更高。他与林丹多年的对决一直是羽坛最吸引人的比赛，而且在他身上曾背负着这个国家一个很大的期许——第一块奥运会金牌。但直到现在，马来西亚依然在等待着他的第一块奥运会金牌。因为我还不会说这么多，因此，我先称赞了李宗伟，然后表示希望奥运会金牌在东京等着他们。客人听到这句话后向我微微地欠了欠身，表示非常感谢。然后，他邀请我坐下，希望能与他聊聊李宗伟这个人。客人表述了一些感受，而让我最感动的是在那一刻他把我当成知己，尽管有些单词以我现在的英语水平还不能理解，但客人的情绪我能感受到。由于我还有别的任务，所以在同事来后就向客人道别，而客人将我送到门口，并再次表达了谢意。

实际上，不仅是外宾，国内客人亦是如此。

【案例分析与思考】

能让一个人短时间内记住你，出色的外貌或许是最好的工具。但是要让一个人在短时间内从心底尊重你，那绝对只有文化，而一个人的文化修养需要太久的积累。我一直觉得文化才是最吸引人的，在交流中如果能与客人聊聊其当地文化，会引起他们极大的共鸣。因此，每次接待外宾时我总是很关注客人来自何方，然后在脑海里开始搜寻其国家的特色文化、最近发生的时事、著名的人物等。本案例中，我的一句话马上拉近了与客人的距离，甚至让客人产生遇到“知己”的感觉，而那一刻，他看待我的眼神是发自内心的。或许工作没好坏之分，岗位也不分贵贱，重要在人，而人的价值则需要不断学习才能得到更好的体现。

案例10：关于轮岗

【案例】

实习过去一半了。几天前，学院的老师来看望我们，并与我们举行了交流会，大家很是感动。在交流会上，许多同学都提到轮岗，希望在实习期间尽可能多地经历几个岗位。对于他们的提议我很认同，也希望能够多学习些知识。但轮岗制度并不是随随便便就能实现的，因此，大家一直都在等待着。

【案例分析与思考】

首先，我们要明确这次实习的意义，并不是说花半年时间体验酒店的所有岗位。我觉得实习最大的意义在于对比。一是自己与自己的对比。经过实习，深刻了解自身的不足，明确需要加强的方面。二是理想和现实的对比。在学校提到酒店管理，相信每个人心中都有自己憧憬的酒店和岗位。如果不曾出来实习，也许会憧憬到毕业之后，但是经过实习，真正体验到酒店的生活，给予我们一个缓冲的时间去调整今后努力的方向。因此，如果不曾仔细去思考这些最根本的东西，哪怕在酒店的所有岗位上都体验一次，也不会有多少收获的。毕竟你在不停地轮岗，一直都在经历着新岗位带来的新鲜感，留给自己思考与积淀的时间会很少。而且从当下的工作来说，一个岗位上需要学的东西还有很多。就我来说，现在最担心客人来电咨询，因为我对于酒店周围与整个杭州市的一些地标性建筑还不是很清楚，而电话咨询需要迅速答复。

当然，也有同学认为多经历一些，会让自己找到喜欢而且适合的岗位，对于以后的工作会有很强的指导意义。对于这个观点，我的看法是：实习真正要体验的、最根本的是生活。很多时候生活是什么，是坚守。如果是因为厌倦目前的岗位而去轮岗，那今后如何去接受比现在挑战更大、压力更大的岗位。三个月中每天几乎重复的工作确实会有点枯燥，但是这才三个月，而在现实生活中，哪个行业的精英不是在自己的岗位上坚持几十载。坚守是一个人走向成功的必备因素。如果说精英太远，那就想想自己，为了进步，因为我们每天面对的客人也是不同的。

若想在一个岗位上有所成就，我觉得需经历四个阶段。

第一阶段是岗位带来的新鲜感。就我来说，目前的岗位是礼宾员，这阶段第一次见识到这么多有趣的人、以前从来没有经历的事、客人的感谢、产生的成就感还有偶尔的小费等。

第二阶段是感受到困难，第一次开始犯错，被客人投诉，而且一度见到客人会有恐惧感，甚至慢慢对自己产生怀疑，觉得是不行还是不太适合。

第三阶段就是我们目前经历的阶段，发现工作做起来得心应手，每天没有多大变化，开始慢慢地厌倦这份工作。如果不是热爱，很难坚守。

第四阶段是在看似重复的工作中通过不断思考，发现别人难以发现的问题并不断取得进步，最终成为佼佼者。

很多人还能坚持到第三阶段，这也是一种坚守。如果这时的我们在每天的工作中加入自己的思考，那么在不久的将来就会成为标杆。因此，我们一定要坚持这份寂寞，坚持思考，坚持乐观，追求卓越。我们是实习生，岗位并不重要，重要的是在一个岗位上能练就什么本领，如何获得一颗“大心脏”，然后回去学习，待毕业后找准自己的舞台尽情展现才干。

案例11：价值观下看服务

【案例】

“您知道哪些顶尖的五星级酒店品牌？”我相信很多人开口回答的一定是希尔顿、香格里拉、雅高……这并不是追捧国外的酒店品牌，只是说明因现代酒店行业起源于欧洲，国外的这些品牌发展得已经很成熟，成为五星级高品质酒店业的代表，也在很多人心中留下烙印。而且有一个事实不得不承认，这些企业培育的企业文化是我们本土酒店难以在一个时间段内追赶上去的。

说起五星级标准服务，我相信很多人立即会想起一张微笑的面孔，服务人员极其绅士，服务无微不至。但是就我在工作中观察同事与自己的工作感受来看，做到这样并不难，但总感觉我们的服务缺少点什么。

我们在服务中主动意识不够强，过于拘谨，尤其是基层的员工，即使酒店领导每天再三强调要主动服务、注意“三二一原则”等，可是效果也不会太好。当然，有很多因素可以解释这种现象，如员工本身就不够热情，薪酬不高导致员工的工作动力不足，工作繁忙根本没时间去预测等。可是，我觉得有一个因素很容易被忽略，这就是我们这个民族的内在影响因素——价值观。相比欧美国家，中国人一直有着一种含蓄美，而这种含蓄在服务业中是一个很大的壁垒。如果不能放开自己，为陌生的客人解决困难，那还得需要一个“慢热”的过程，但服务中没有时间给你热身。

当然，肯定也有很多人是外向型的，可是，为什么这些人在服务中还是过于拘谨？这就是最重要的因素，因为我们怕犯错误，尤其是怕在很多人面前犯错误，究其原因是我们爱惜面子。举个例子，我在高中学习阶段，学校邀请外教给我们上英语课，其实开设这样的课程最大的出发点就是希望我们与纯正的英语 Speaker 多多交流，使自己的口语得到锻炼。可是，这样实用的课程其实际效果却并不好，我记得那时候外教在课堂上说得最多的就是“Don't be shy，Don't be shy”。每次外教提出一个问题，讨论阶段还是很热闹的，可是一到单独发言阶段就异常安静。如果我们最初发言不积极那是因为害羞，可一个学期下来依然如此，其实就是怕出错，怕在大家面前出丑。

在目前的工作中，还是担心因出错而受到惩罚，所以，我看到的是更拘谨的表现。我刚到工作岗位时老员工就友情提示，不是自己工作范围的事不要管。可是，有时候很不理解，如看到客人寻找服务员的匆忙背影，是选择避开而不是主动过去询问需要什么帮助。哪怕我们帮不了，难道不可以为客人找到能帮助他们的人吗？我不认可这种“Problem-solving”的服务方式，从来不为客人考虑也不主动去服务。所以，我们的服务在很多时候看起来都是“收着”的，我们把自己裹起来，更希望客人别过多打扰自己。

【案例分析与思考】

我们要试着去改变传统价值观下的怕出错、爱面子的观念。出丑并不可怕，不去尝试出错，你永远不知道自己与别人的差距。我想，追求卓越的人肯定也是一个经常跟“错误”打交道的人。

案例 12：为客人着想

【案例】

608 房间的张先生来电，要求送一盒价格为 18 元的杧果烟到其房间。服务员小杨没来得及询问是现付还是签单，电话便挂断了。小杨想，住房客人签单的较多，便准备了账单。又转念一想，如果客人现付却没有零钱怎么办？再跑一趟找零倒没什么，但是既耽误了时间又打扰了客人。于是，小杨准备了一张 50 元放在左侧兜内，32 元零钱放在右侧兜内，拿着账单和香烟离开了商场。在经过前台时，小杨询问前台服务人员 608 房间的客人能否签单挂账。得到确认后，小杨来到 608 房间。张先生打开门后，小杨微笑着说："张先生，这是您要的香烟，18 元一盒，您签单还是现付？"张先生说："现付吧。"他从钱夹里拿出一张面值 100 元的纸币，小杨迅速从左侧兜内掏出 50 元，又转手去右侧兜内掏零钱。张先生询问是否没有零钱，小杨微笑着说："有的，在这里。"便把 82 元钱双手呈到客人面前，并说："张先生，香烟 18 元，收您 100 元，找零 82 元，请核查。"张先生看着小杨的举动，吃惊地说："小伙子，这么细心，谢谢！"

【案例分析与思考】

在对客服务中，细心尤为重要。在这个案例中，服务员小杨在对客服务过程中十分周到，做到了以下几点。

一是准备了账单与零钱，既不至于再跑一趟，也不至于耽误客人的宝贵时间。

二是先到前台询问该客人能否签单挂账，以免退房时产生麻烦。

三是服务态度好，体现了顾客至上原则。

第三篇

实习思考篇

第一章　培训视角

星级酒店大学实习生 EAP 的制定与实施研究

潘萍菲

酒店行业是劳动密集型行业，从业人员较多，虽为社会提供了不少就业岗位，但竞争依然激烈。然而酒店行业存在着一个共同的问题——酒店从业人员素质普遍较低，员工流动率大。如何留住高素质人才，降低人才的流动率已成为星级酒店人力资源管理的重要任务。

一、星级酒店实施大学实习生 EAP 的可行性分析

（一）EAP 服务在国内外的应用分析

20 世纪 50 年代，日本企业开始引入 EAP（Employee Assistance Program，EAP），并将 EAP 本土化，逐步形成了具有日本特色的产业心理咨询。截至 20 世纪 90 年代末，世界财富 500 强的企业中有 90% 以上实施了 EAP 项目。作为起源地的美国目前有 1/4 以上的企业实施了 EAP 项目。EAP 服务在中国的应用相对较晚。最早的 EAP 服务是针对联想公司客户服务部员工，由北京师范大学心理学院的张西超主持完成。2004 年 8 月，上海徐家汇政府实施了 EAP 计划，这是中国第一次由政府出资实施 EAP 项目。随后一些专门为企业和个人提供EAP服务的机构纷纷开始运作，如北京易普斯企业咨询服务中心、

中国 EAP 服务中心、上海亚太 EAP 中心等。为促进 EAP 的发展，首届中国 EAP 年会于 2003 年 10 月在上海举行，此后每年如期举行。

（二）中国酒店业的现状分析

酒店行业是典型的劳动密集服务型行业，相对其他行业来说，酒店业存在着一些特殊的人力资源现象。

第一，从业人员数量庞大。

第二，从业人员素质偏低。据中国旅游饭店协会的统计，全国星级酒店员工的学历构成为：大学本科及以上的比例仅为 9.61%，专科为 15.66%，高中及职业学校为 52.18%，其他为 27.68%。

第三，专业人才供不应求。当前中国酒店业正处在高速增长阶段，酒店数量正在以惊人的速度攀升，但是，众多新建酒店包括国际著名酒店集团都不愿意花费财力和物力培养人才，而是采取“人才本地化”措施，即从现有的星级酒店中以高薪“挖”人才，导致酒店高素质人才缺口越来越大。

第四，从业人员流动率过大。据统计，国外星级酒店员工的流动率为 8%，而我国酒店员工的流动率远高于国外，达到了 25% 以上。在北京、上海、深圳等大城市中酒店员工的流动率甚至达到 45%，而酒店业中大学本科及以上学历员工的流失率高达 66%。高流动率已成为中国酒店业的普遍现象，这种无序的流动并没有从整体上提升酒店从业人员的素质，反而增加了酒店人力资源的管理成本，导致酒店服务水平下滑。

（三）星级酒店大学实习生 EAP 的作用和意义

众多旅游院校希望将学生培养成兼具专业知识和实践能力的综合性人才，因此，越来越重视实践环节。旅游管理专业的学生在大三或大四时进入星级酒店实习，这些星级酒店非常欢迎，并希望在实习后能留下来。然而，很大一部分大学生在实习后并没有选择继续留在酒店，其原因如下。

一是工作性质。受中国传统文化影响，大学生认为从事酒店行业是“吃青春饭”“是被人看不起的工作”。

二是培训及岗位安排。大学生进入酒店实习的初衷是将学校学到的理论知识与实践相结合，提高自己的综合能力。而酒店方为了让实习生尽快上岗，仅提供短期培训。在岗位安排上，酒店方通常把实习生安排到餐饮部、房务部与大堂吧等岗位，并且为了节约人力资源，通常不愿意让实习生轮岗。这容易使大学实习生觉得酒店仅仅把他们当成廉价劳动力，从而产生排斥心理。

三是薪酬待遇及福利。据了解，酒店给予大学实习生的薪酬非常低，甚至低于一个城市的最低工资标准，并且没有给大学实习生提供如绩效工资、加班费、紧急救助费等福利。微薄的薪酬待遇使大学实习生缺乏工作的激情，逐渐产生对酒店的不满情绪。

四是缺少娱乐休闲活动，业余生活枯燥。长期的对客服务也使大学实习生在心理上承受着来自各方面的压力，心理压力和工作压力得不到释放，逐渐形成职业倦怠，严重影响服务质量。很多酒店缺乏为员工设置的娱乐休闲场所，也很少定期为员工组织活动。

五是酒店没有为大学实习生制订初步的职业规划，使他们觉得留在酒店的发展前景有限，与其期望相悖，失去对酒店行业的信心。

综上所述，酒店业中大学本科及以上学历的高素质人才从业率非常低。因此，酒店只有建立起针对大学实习生的 EAP 服务，以人为本，从心出发，关注其成长，才能培养实习生对酒店的忠诚度和认同感，吸引更多的大学实习生留在酒店，降低人才的流失率，节约人力资源成本，有利于建立良好的企业文化与组织氛围，提高酒店的综合竞争力。

（四）建立星级酒店大学实习生 EAP 的可行性分析

1. 管理理论支撑

一是人本管理理论，以人为核心，充分利用和开发组织的人力资源，服务于组织内外的利益相关者，从而同时实现组织目标和组织成员的个人目标。

二是压力管理理论，即适应压力的过程，缓解或解决组织成员的各种压力，将压力的负面影响转化成正面影响。

2. 酒店人力资源管理思想逐渐成熟

酒店在人力资源管理思想上经历了“传统人力资源管理阶段”“科学人力资源管理阶段”“现代人力资源管理阶段”三个完整的发展阶段。EAP 服务与现代人力资源管理理念非常吻合，强调以人为核心，关爱员工。随着酒店人力资源管理思想的逐渐成熟，EAP 的出现迎合了现代酒店管理的需求。因此，EAP 服务势必会被酒店业广泛应用。

3. 国际酒店集团 EAP 项目的尝试

目前，一些国际酒店集团实施与 EAP 相关的一些措施，如希尔顿国际酒店集团有专业的培训机构与庞大的人才库；香格里拉集团为员工制订职业生涯规划等。现今，越来越多的酒店开始效仿。这些虽然还不是系统的 EAP 项目，但为实施大学实习生 EAP 服务提供一些启发和借鉴。

综上所述，在星级酒店中实施大学实习生 EAP 是可行的。

二、星级酒店实施大学实习生 EAP 的步骤设想

（一）EAP 的宣传与推广

外聘 EAP 服务机构或在酒店中成立 EAP 服务小组，通过多种宣传方式如讲座、使用手册和宣传栏等介绍 EAP 的服务内容、操作模式以及大学实习生获得 EAP 帮助的途径等。同时，做好心理健康宣传，为他们提供专业的心理咨询服务，帮助建立正确的心理观念，鼓励并引导他们在遇到心理困惑时积极寻求帮助。EAP 服务机构或服务小组负责做好记录，建立大学实习生心理档案。

（二）制订大学实习生 EAP 规划书

规划书包括以下内容：

一是明确实施 EAP 服务的目的。现代企业的竞争其实就是人才的竞争，酒店行业的核心产品是服务，因此，员工的素质就是一家酒店的核心竞争力。

二是确定 EAP 服务项目。完整的 EAP 服务体系包括三个方面：工作环境方面（包括硬环境和软环境），压力管理方面（包括情绪、行为及生理等），个体因素方面（包括个人信念、行为模式及生活方式等）。

三是实施保障，建立良好的监督和反馈机制。监督部门除了要监督 EAP 的实施过程，还要保证项目在执行过程中的保密机制。

（三）指导制订初步的职业规划

为增加大学实习生对酒店业的信心，发挥人才的最大效用，酒店应为其职业发展提供建议，并制订初步的职业规划。这也是体现酒店珍惜人才，希望实习生在实习后能继续留在酒店的最好方式。

（四）建立公平的薪酬体系，增加关怀性福利

当前，大学实习生的薪酬待遇通常比较低，过低的薪酬使其缺乏工作的激情和动力。因此，星级酒店要建立公平的薪酬体系，适当增加面向大学实习生的关怀性福利，如给予表现优秀的大学实习生提供激励奖金，提供生日蛋糕和祝福卡片等。

（五）设置娱乐休闲场所，丰富业余生活

丰富的娱乐休闲活动可以缓解星级酒店大学实习生的工作压力，促进他们的身心健康，有利于减少员工之间的矛盾和摩擦，培养员工之间良好的人际关系，创造和谐融洽的工作氛围。因此，在星级酒店中可设置阅览室、休息室、茶室，提供各种运动器材，有条件的可设置小型健身房，并适当地组

织一些活动，丰富大学实习生的业余生活。

（六）进行效果评估和反馈

EAP工作人员通过科学有效的评估方式，分析总结EAP服务的实施效果，并及时将评估结果反馈给酒店及人力资源部门，帮助管理者跟进实施。

（七）加强教育和培训

培训内容包括：

一是心理健康培训，帮助大学实习生建立科学的心理健康观念。

二是压力管理培训。帮助大学实习生识别压力，分析压力来源，引导他们正视压力，增强抗压能力。

三是专业技能培训。

星级酒店在大学实习生上岗前要进行系统而充分的岗前培训，定期安排相关培训，不断提高其服务水平。

三、星级酒店实施大学实习生 EAP 计划遇到的问题

虽然，越来越多的星级酒店尝试实施大学实习生 EAP 计划，但可借鉴的经验非常少。因此，在实施过程中会遇到以下问题。

（一）星级酒店高层管理人员的支持度问题

星级酒店高层管理人员的支持度对于大学实习生 EAP 计划的顺利实施非常重要。佘佩沛（2009）曾对某酒店集团旗下 6 家酒店的高层管理者进行访谈和问卷调查。在问及对 EAP 的了解时，只有 35% 的管理者有初步了解；42% 的管理者听说过 EAP 或者在阅读的书中提及过 EAP，但并不了解；23% 的管理者完全不了解。由此可见，星级酒店高层管理人员对实施大学实习生 EAP 计划的支持力度并不大。

（二）星级酒店资金问题

十几年来，本土星级酒店的数量不断增加，国外酒店品牌也纷纷入驻国内，酒店行业的竞争压力增大，尤其在一些大城市中，酒店行业供大于求的现象更为突出。而一些规模大、档次高的酒店投入较大，资金的回收周期较长。由于建立大学实习生 EAP 计划需要投入一定量的资金，因此，星级酒店中的某些高层管理人员对 EAP 服务虽有一定的了解，但仍持不支持态度。

（三）缺少专业的 EAP 从业人员问题

国外的相关酒店集团引入 EAP 较早，具备了专业的培训机构，有经验丰富的 EAP 从业人员。而国内的星级酒店由于 EAP 应用较晚，有些尚未具备专业的 EAP 从业人员。对于大学实习生 EAP 的实施而言，专业的 EAP 从业人员是必不可少的。

（四）大学实习生的配合度问题

一方面，很多大学实习生对 EAP 服务不甚了解，需要酒店管理者做好宣传和倡导工作，也需要 EAP 专业人员做好沟通工作。另一方面，受传统观念的影响，很多大学实习生的负面情绪在心里不断累积而不愿宣泄出来。长此以往，其心理压力会越来越大，对酒店行业也会渐渐失去兴趣。另外，也与接受心理咨询容易引起别人误解有关，因此，大学实习生对星级酒店的 EAP 服务不太愿意配合。

（五）保密工作问题

保密工作不到位也是阻碍大学实习生 EAP 计划顺利进行的原因之一。因为大学实习生担心接受 EAP 服务后，EAP 工作人员会将自己的隐私和咨询内容透露给酒店管理者或学校老师，影响其看法，进而影响实习成绩。

（六）考核和效果评估工作到位问题

没有科学的考核或者评估体系就难以评定 EAP 的效果。对于酒店管理者来说，无法明确大学实习生 EAP 计划的实施给酒店带来的利润，而管理者在乎的是企业的利益。一项无法量化利益甚至难以考核和评估的项目不会有多少说服力，也增加了酒店管理者的顾虑。对大学实习生来说，考核和效果评估工作不到位，无法明晰在每个阶段的具体进展与所取得的进步。

四、星级酒店实施大学实习生 EAP 计划的对策

（一）获取星级酒店高层管理人员的支持

从大学实习生角度看，EAP 计划可以帮助解决在工作和生活中遇到的问题，提高满意度和工作积极性；从星级酒店发展的角度看，EAP 计划可以为酒店节约人力资源成本。在大学实习生实施 EAP 计划前，必须做好星级酒店管理层的工作，以培训或者其他方式使管理者了解并掌握 EAP 服务内容，努力获取他们的支持。

（二）争取足够的资金支持

虽然，在星级酒店中建立大学实习生实施 EAP 计划需要投入一定的资金，但酒店实施 EAP 服务不仅树立了良好的企业形象，还向社会公众及酒店员工展示了自己的企业文化，营造了和谐的企业氛围，吸引业内的高素质人才。因此，要让星级酒店管理者充分认识到对 EAP 的投入是必要和有价值的，要争取足够的资金支持。

（三）拥有专业的 EAP 从业人员

当前，星级酒店管理者比较认同以下三种方式：

一是先对酒店的人力资源部门人员进行专业的 EAP 培训，然后由他们负

责大学实习生的 EAP 计划实施工作。

二是聘请外部专业的 EAP 服务机构。

三是由几家酒店共同出资成立 EAP 服务小组，聘请几位专业的 EAP 从业人员，特地为各酒店的大学实习生提供 EAP 服务，实现资源共用、节约成本的目的。

无论采用哪种方式，拥有一批专业的 EAP 从业人员是实施大学实习生 EAP 计划必不可少的一环。

（四）消除抵触情绪，提高配合程度

EAP 必须建立在自愿的基础上，如果星级酒店强制性地让所有大学实习生接受，反而会引起他们的抵触情绪。因此，在实施 EAP 计划前，对所有的大学实习生进行培训，让他们明确实施 EAP 计划的目的与意义，了解 EAP 的服务内容和操作方式，争取其积极配合，保证顺利实施。

（五）建立严格的保密制度

要顺利实施大学实习生 EAP 计划就必须做好保密工作，消除他们的顾虑，使其安心地与 EAP 工作人员沟通。在 EAP 服务过程中，EAP 专业人员向大学实习生承诺会对咨询内容严格保密，即使认为某些事情应该向上级反映，也必须征求本人的意见。此外，采用几家酒店共同出资建立 EAP 服务小组，也是做好保密工作的好方法。

（六）建立科学有效的考核和效果评估体系

建立科学有效的评估体系是 EAP 服务中比较困难的一环，目前仍在不断地完善和改进中。如张西超教授在《员工帮助计划——中国 EAP 的理论与实践》中定义了 EAP 的评估：通过科学的方法和技术对项目能为企业和员工带来的效果进行客观评价。具体可从以下几个方面进行评估：

一是 EAP 的服务满意度，主要指大学实习生对 EAP 服务的满意程度。

二是EAP对大学实习生的影响，具体指大学实习生在接受了一段时间的EAP服务后，自身的情绪、态度和行为发生的变化。

三是EAP对酒店的影响，从硬性和软性两个指标进行考核。硬性指标主要有酒店营业额、顾客满意度、大学实习生流失率等；软性指标主要有团队凝聚力、组织气氛等。总之，星级酒店只有切实做好大学实习生的EAP考核和效果评估工作，才能有针对性地让其不断成长，进而使其产生强烈的归属感。

星级酒店大学实习生组织公民行为现状及培育研究

陈雅莉

组织公民行为（OCB）是一种员工自发形成对组织有利的行为。自 1983 年组织公民行为这一概念被提出后，这一研究领域就随着历史的进程不断地拓展和完善。随着社会各界对大学生实践能力要求的日益提高，越来越多的高校选择星级酒店作为相关专业大学生的实习地点。星级酒店中大学实习生的数量不断增加，因而，大学实习生的职业行为也逐渐受到公众的关注。本文利用访谈、问卷调查等研究方法，围绕星级酒店大学实习生组织公民行为中的奉献精神、团结协作和尽责行为三个特征维度进行调查和分析，总结大学实习生组织公民行为的现状及存在的问题，并探寻引导大学实习生组织公民行为的有效方法，为大学实习生组织公民行为的培育工作提供有力的参考。

一、绪论

组织公民行为是近几年行为学研究领域备受关注的热点之一。在过去的 20 多年里，西方国家对组织公民行为的研究取得了显著成果，研究者对组织公民行为的概念、维度、前因及结果变量等进行具体分析和研究，集中探讨不同群体组织公民行为的内部结构及其影响因素，如组织文化、组织支持、心理契约、领导风格等。近几年，随着行为研究领域中的组织公民行为越来越受关注，我国学者们在学习和借鉴的基础上，对中国文化背景下的组织公民行为进行研究，总结出适用于东方文化特点的组织公民行为理论。因此，组织公民行为的研究已经渗入到社会的各个方面。酒店行业作为第三产业中最具活力的行业之一，也逐渐受到学者们的关注，对企业员工组织公民行为进行研究的文献也随之增加。

二、大学实习生组织公民行为的培育意义

（一）帮助大学实习生适应职场，增强就业能力

在激烈的市场竞争下，就业难这一社会问题给大学生造成巨大压力。面对僧多粥少的就业环境，大学生们需尽可能地发挥自己的优势，以不断提高自身的竞争力。而招聘部门对应聘者的指标不断增加新的要素，除了知识水平、专业技能等客观因素外，应聘者的个人素质也越来越受到重视。因此，组织公民行为作为个人素质的主要表现形式成为提高个人竞争力的一大法宝。此时表现出更多的组织公民行为能够有效地拉近与他人的距离，为他人所接受，更快地融入集体，从而帮助大学实习生适应职场，增强就业能力。

（二）协调大学实习生与管理者、同事之间的关系

大学实习生刚步入社会，还不能完全适应从学生到员工的角色转变，不愿受酒店制度的管理和约束，缺乏人际交往经验，难免会或多或少地感受到职场排斥或忽视对待。而组织公民行为作为组织运行的润滑剂，能够有效减少人际矛盾冲突，协调与管理者及同事间的关系，因此具有重要意义。如团队成员的公民美德可以使大学实习生主动关心组织，从大局出发考虑问题，从而有效协调个人利益和集体利益的关系；利他即助人行为，能为他人提供便利，有利于协调大学实习生与工作群体之间的关系，维护和谐的人际关系；组织遵从能避免大学实习生因不满组织安排而与管理者产生冲突；团队成员的文明礼貌也能使人际冲突减少，从侧面增加工作的协调性。

（三）提升酒店组织运营绩效，加强团队凝聚力

组织公民行为是一种自愿的员工个体行为，表现为员工主动承担正式工作以外的工作，自觉维护组织的正常运行，无私地为组织做贡献的行为。这种行为的产生能够相互促进大学实习生与团队成员个人绩效的提高。随着这

种行为的不断积累，将会带动组织整体生产力的提升，有利于增强组织的凝聚力和归属感。对于管理者而言，实习生的责任意识能使酒店管理者的监督行为减少，在酒店陷入危机时，能以大局为重，维护酒店利益。同时，出于对酒店的认同感而凝聚在一起，有效增强了稳定性，使酒店能够更好地适应环境的变化。总之，在酒店运营的过程中，组织公民行为从整体上来说有利于绩效的提升。

三、星级酒店大学实习生组织公民行为的现状及问题

（一）星级酒店大学实习生组织公民行为的现状

1. 大学实习生组织公民行为存在阶段性变化

在对星级酒店大学实习生进行个别访谈的过程中，我们发现一些大学实习生在整个实习过程中的心理是在不断发生变化的，导致大学实习生组织公民行为也随着时间的推移而产生一系列阶段性的动态变化。本文针对杭州维景国际大酒店、杭州索菲特西湖大酒店、杭州歌德大酒店等浙江省杭州市5家高星级酒店大学实习生的实习情况，将其心理变化研究时间尺度定为6个月，并探索与分析其组织公民行为的现状及其变化情况。按照实习进程，将整个实习过程分为五个阶段：实习前期、岗前培训期、顶岗实习前期、顶岗实习中期和顶岗实习后期。基于刘红梅（2008）对酒店专业实习生心理的研究可知，实习生在整个实习过程中心理的具体变化情况，具体如下表所示。

表　酒店大学实习生在实习各个阶段的心理基调及其表现

时间	心理基调	实习生的主要表现
实习前期	积极	开始厉兵秣马，在思想、知识、技能等各方面积极为实习做准备，抱着积极的态度以达到学以致用的目标
岗前培训前期	紧张	将较高的工作热情和积极性投入到岗前培训中，以便尽早掌握操作要领，尽快适应新的工作岗位，但对没有完全体验的具体工作由于不熟悉而感到紧张

续表

时间	心理基调	实习生的主要表现
顶岗实习前期	积极调适	对操作技能、实习环境由不熟悉到熟悉，对酒店服务的认识由肤浅到深刻，具有较强的表现欲望，但面对新的环境有些无所适从
顶岗实习中期	基本稳定	对所在岗位的工作程序和操作技能由生疏转入娴熟，但对实习工作容易产生疲劳、厌倦，对突破某些操作难度产生畏惧性，会出现逃避心理
顶岗实习后期	浮躁	对所在岗位的工作程序和操作技能已经熟悉，如何处理与同事之间的人际关系成为重点，感觉自己在实习单位表现已经基本定格，实习也将结束，想回到学校生活的心情迫切，滋生消极怠工或擅自离岗等行为

由上表可以看出，在实习前期，大学实习生作为初入社会的群体，基本都抱着积极的心态和饱满的热情投入到工作中，表现欲强，会主动参与自己本职工作以外的工作，以求尽早掌握工作要领，得到认同，其组织公民行为意识非常强烈。而在实习的中后期，倦怠心理逐渐滋生，会经常地回避非本职工作甚至逃避本职工作，其组织公民行为意识逐渐下降甚至消失。

2. 大学实习生组织公民行为具有两面性

以往大多数的研究仅针对组织公民行为的正面效用，认为组织公民行为是一种非正式的、无私利他的奉献行为，也就是所谓的“好战士现象”。但随着研究的深入，学者们发现“我们所认为的好战士，可能只是个好演员而已”，也就是说员工的组织公民行为不仅是因自身的某些人格倾向或责任感而表现出来的，还可能存在其他动机。根据杭州市 5 家星级酒店大学实习生组织公民行为的调查报告显示，75% 的大学实习生在知道工作成果会被上级看到时表示努力工作，62.5% 的大学实习生表示会作出一些行为让同事觉得自己是个“好人”。由此可见，大学实习生的组织公民行为也不可避免地出现了一些负面倾向：当大学实习生开始进入工作环境时，对所从事的工作还不够熟练，但为了尽早得到领导和同事的认可，树立自身“友好”“勤奋”的良好形象而刻意表现出更多的组织公民行为，因此，将过多的精力放在了本职工作以外的事情上，造成本末倒置的现象。

（二）星级酒店大学实习生组织公民行为存在的问题

1. 对实习单位缺少归属感，缺乏奉献精神

当大学实习生在酒店办理实习入职手续后，就意味着已成为酒店的一份子，相较于其他员工而言，在身份上具有两重性：对于学校和老师来说，他们还是学生，应该受到关心和保护，对其要求少、标准低；而对于酒店而言，他们是员工，应当接受符合其身份的高标准和高要求。大多数大学实习生更倾向于把自己置于学生位置，抗拒接受酒店的高要求，在潜意识里将自己与其他基层员工做了明确区分，集体意识淡薄，缺少归属感，不愿为组织做贡献。另一方面，大学生在课堂上所学习的理论知识大多基于理想化情况。实际上，酒店在运营过程中往往不能完全做到像书本上那样尽善尽美，需要综合考虑各方面因素。因此，大学实习生到达酒店实习后，往往发现酒店的规章制度、设施设备、环境福利等与所期望的相差过大，如分工不明确、工作量太大、请假困难等，因而对酒店的文化、价值观等产生较多看法，不愿服从组织安排，更无法形成与酒店共进退的主人翁意识。

2. 团结互助观念较差，过分强调个人发展

当今社会，大多数大学生都是独生子女，在家庭中处于独一无二的优越地位，被视为“特等公民”，导致一部分大学生过分强调个体的发展，崇尚自我价值的实现，团队意识淡薄，影响着组织整体效用的发挥。故独生子女的优越感、封闭性是阻碍大学实习生组织公民行为发展的重要因素。同时，学校教学大多是“单向听课、个人作业”，较少通过集体讨论或者协作完成某项任务，再加上网络的普及，“宅男”“宅女”迅猛增加，因此，当代大学生已经习惯以个人为中心思考问题，极少参与群体活动，团结互助的能力逐渐减弱。大学实习生的实习岗位多在基层，而酒店的基层员工大多文化程度较低，年龄也较为复杂，使得他们与基层员工之间的交流存在严重代沟，而学历上的优越感使得他们不屑于与其他基层员工进行交流学习。根据对杭州市 5 家

星级酒店大学实习生组织公民行为的调查报告显示，60.8% 的大学实习生不愿与低学历的基层员工沟通，这也是大学实习生不愿帮助他人、团结协作的一大重要原因。

3. 责任意识淡薄，无法尽职尽责完成工作

大多数大学生在参加实习之前都不具有或极少具有工作经验。大学校园的环境使他们只需要对自己负责，并且长时间地处于相对安逸状态，因此，当他们所处的环境发生改变后，尽管松散的校园步调被酒店的快节奏所取代，但依然无法完全改变他们松散的心态。正是如此，一部分大学实习生在参加实习时依旧轻松惬意，以“只求无过”的心态对待所从事的工作，责任意识淡薄。另外，大学实习生怀着“鸿鹄之志”走出校园，期望着“指点江山、激扬文字”，但现实却是让他们端盘子、甩床单，强烈的心理落差与长时间重复单一枯燥的工作，导致对工作严重缺乏兴趣，因此无法出色地完成工作任务。

三、星级酒店大学实习生组织公民行为的培育途径

（一）做好岗前培训，适度开展技能比试

岗前培训是大学生由学生向员工过渡的重要环节，是大学实习生心态转变的关键时期。在岗前培训期间，首先，向大学实习生介绍所从事岗位的重要性，从而使其能够严肃认真地对待；其次，让大学实习生充分认识到酒店的奖惩制度，明确未按时完成工作的代价和出色完成任务的奖励，使他们树立良好的责任意识；最后，对大学实习生今后的工作给予鼓励与信任，表达出对其能够出色完成工作的期望。同时，酒店还可以适当开展一些技能比试活动，如西餐摆台大赛、前厅部知识竞赛等，不仅能够培养员工的工作兴趣，还能使他们拥有努力的方向。尤其是对于刚从校园里走出的大学实习生而言，此类活动更能够激发他们对工作的兴趣，积极吸取专业知识，锻炼操作技能，摆脱茫然的工作状态，重新树立起工作目标。

（二）完善组织奖励机制，引导维持组织公民行为

大学实习生的组织公民行为是呈动态变化的，所以，在其减弱之前，采取有效的措施持续保持在较高水平成为一大关键问题，而组织的奖励机制是解决这一问题的方法之一。有效的激励可以调动大学实习生的工作积极性，提高满意度，迎合其自我实现的需要，如在工作期间，酒店不定期为实习生进行针对组织公民行为的培训工作，并对那些表现出优秀品质与责任感强的员工给予奖励，以此来激励实习生表现出的组织公民行为。当大学实习生表现出有益于组织的行为时，要及时进行正强化，让其认识到所表现出的这种行为是被肯定和鼓励的，因而乐于继续保持组织公民行为。

（三）开展团队工作，贯彻团队理念

传统的灌输式理论教育难免会使员工感到乏味，影响其对组织公民行为的理解和感悟。因此，酒店可以团队为单位发布工作任务，这样不仅能够拉近大学实习生与正式员工间的距离，也有利于团队成员间的交流与磨合，学会从集体的角度思考问题。当得知自身的利益将与集体挂钩时，为了提高集体工作效率，团队成员更愿意去帮助同事，通过互助行为在团队中推行最佳的方案与方法。Bommer 等人的研究证明："个体的组织公民行为受到群体中其他成员的组织公民行为的影响。"故当团队中的老员工倾向于表现出组织公民行为时，大学实习生也会在潜移默化中表现出更多的组织公民行为。通过亲身的体会，能够使大学实习生更加清楚地认识到组织公民行为在团队运作过程中所起的作用，提高对组织公民行为的理解和感悟，调整和规范行为，适应现代企业对组织公民行为的具体要求，从而快速地融入集体，适应职场要求。

（四）加强正面教育，实施综合评价

大学实习生组织公民行为之所以会出现负面倾向，根本原因在于他们过

于看重利益与成绩，而忽略了实习本身的意义。作为校方，应教育大学生正确看待实习，明确实习目的，明确学习和提升知识与技能的重要性，懂得处理人际关系，为今后的就业积累经验，而不仅仅是为了取得较好的实习成绩。就酒店方而言，应客观地对待每次考核工作，提高识别现象的能力。以往对于员工组织公民行为的评价大多来源于上级的评定，这种方法存在较大的偶然性与一定的偏差，结果有失公正。因此，为保证每次考核成绩的公正、公平，酒店应结合大学实习生的自我报告、同事评定、上级评定等多方面结果，全方位综合评价其组织公民行为，培养健康的组织公民行为，充分发挥其积极作用。

（五）创建良好的企业文化，认同企业价值观

酒店需打造和谐共进的支持型企业文化，尊重员工的需求，注重人性的关怀，营造轻松互信的工作氛围，提高大学实习生对组织文化的期望及与企业文化的契合度，以利于其产生更多的组织公民行为。酒店还应培养员工自觉学习、大胆提议和勇于创新的精神，定期举办员工大会，对那些技能提升较快或提出合理化建议的员工给予表彰和奖励。在精神奖励和物质奖励的双重作用下，实习生会自觉地表现出更强的学习意愿和自我提升的欲望，并且酒店也可以通过不断地收集与整理员工的建议获得更多完善自我的机会，通过文化建设连接酒店与实习生，使酒店与实习生在目标与价值观念上达成一致。实习生越认同集体的价值观念，并感觉受到重视时，对群体就越可能表现出组织公民行为，愿意为集体作出的贡献就越大。

酒店实习生的培训研究

杨文霞

旅游业的迅速发展带动了相关产业的进一步发展，尤其是旅游业的重要支撑——酒店，而人才成为酒店竞争的核心。酒店培训不仅是培养专业人才的摇篮，也是加强酒店管理、提高酒店竞争力的一个重要环节。酒店与高校进行校企合作，从中招收高素质、高技能的各类学生，这成为目前大部分酒店人才的重要来源。而高校大学生在就业压力与服务行业人才缺口的双重影响下，也开始逐渐进入酒店业从事相关工作。本文通过对酒店实习生培训的现状进行深入研究，以酒店培训中的入职培训与在职培训为主，剖析造成酒店现状的原因等，并提出针对性的建议与措施。

一、酒店实习生的培训现状及存在问题

酒店对大学实习生的培训主要体现在入职培训和在职培训。本文以台州学院 2011 级旅游管理专业学生的酒店实习作为研究对象，具体如下表所示。

表 台州学院 2011 级旅游管理专业实习概况表

项目＼酒店名称	浙江三立开元名都大酒店	浙江世贸君澜大饭店	浙江维景国际大酒店	杭州索菲特西湖大酒店	杭州歌德大酒店	台州开元大酒店
酒店星级	5	5	5	5	5	4
实习人数	13	2	5	13	9	12
培训内容	入职培训：酒店发展史 在职培训：岗位技能	入职培训：酒店发展史 在职培训：岗位技能	入职培训：酒店发展史 在职培训：无	入职培训：酒店发展史 在职培训：岗位技能	入职培训：酒店发展史 在职培训：岗位技能	入职培训：酒店发展史 在职培训：岗位技能

续表

项目＼酒店名称	浙江三立开元名都大酒店	浙江世贸君澜大饭店	浙江维景国际大酒店	杭州索菲特西湖大酒店	杭州歌德大酒店	台州开元大酒店
培训形式	授课法 实战法	授课法	授课法	授课法 实战法	授课法	授课法 实战法
培训师资	入职培训：各部门经理 在职培训：领班、师傅（老员工）	入职培训：各部门经理 在职培训：领班、师傅（老员工）	入职培训：人事经理 在职培训：无	入职培训：各部门经理 在职培训：领班、师傅（老员工）	入职培训：各部门经理 在职培训：领班、师傅（老员工）	入职培训：各部门经理 在职培训：领班、师傅（老员工）
效果评估（考试）	无	有	无	有	无	有
培训奖励	无	无	无	有物质小奖励	无	无

通过对上表的对比分析，不难发现，酒店对大学实习生的培训存在以下问题：

（一）培训内容因循守旧

在入职培训中，不管是高校的实习生还是从社会招录的新员工，酒店统一进行培训。全面讲述酒店的发展历史、发展前景、规章制度、薪酬福利、企业文化等，而对各部门的职责功能通常寥寥数语。当入职培训结束，大学实习生确定了实习岗位，就进入在职培训。虽然酒店各部门对大学实习生进行相应的岗位技能培训，但是大多属于模板内容，缺乏针对性。而大学实习生面临即将毕业进入社会的现实问题，难免会产生紧张、焦虑，因此，在进入酒店实习岗位后，培训师应对他们的具体情况（包括知识技能、性格以及服务素养等）有详尽的了解，并制订与选取具有针对性、合理性的培训计划与内容。

（二）培训方法缺乏创新

酒店采取的培训方法大多是单纯的课程讲授法，而大学实习生的高等教育经历对此已产生“免疫力”，特别是酒店服务这种操作大于理论的实践知识。因此，这种方法虽有利于培训师掌握培训节奏，全面系统地进行培训，但不利于与大学实习生之间的沟通交流，更无法把握其对培训知识的掌握程度。除了传统的讲授法，有些酒店在培训过程中还会采用实战法，即在特定时间段内将大学实习生带到工作岗位进行现场教学。但不管哪一种，均偏于常规化。

（三）培训效果评估不到位

当前，酒店业的竞争越来越趋向白热化，人才机制也在逐渐完善，因此，酒店培训也进入常态化。酒店实施的培训效果评估一方面是为了测验受训者对培训内容的了解与掌握熟悉程度；另一方面，通过效果评估找出培训过程中存在的问题，使今后的培训得到进一步改善，最终节省酒店的人力资源管理成本。但是，酒店在完成培训后，对受训人员通常以简单的试卷考核形式进行检验，而试卷考核法只能体现效果的一部分。还有一些酒店会采取简单的调查问卷形式对培训效果进行评估。不管哪一种，酒店作为服务业最看重的是实际操作技能。

（四）培训师资不够专业

大部分酒店的培训师资来自内部，由酒店的部门经理或者人力资源部门成员承担培训任务，目的是降低培训费用在酒店运营成本中的比重。而参与实习生培训的酒店内部培训人员可能在某方面具有突出业绩和能力，但是，其工作岗位限制了视野，使其无法提供全面系统、持续完整的培训。若选用外聘人员，则会产生聘请费、交通费、食宿费以及其他费用，增加酒店的运营成本。

二、酒店实习生培训问题

（一）酒店重视程度不够

首先，酒店方认为大学实习生与其没有直接的劳动从属关系，在实习期结束或者毕业后能否留在酒店继续工作是个不确定因素，存在风险性。酒店投入大量的人力、物力与财力进行培训，如果他们最后选择留下来，那么酒店有投资预期回报收益；但如果没留下来，甚至去了竞争对手的酒店，那么酒店先前所做的大量投资就是为他人做“嫁衣”。所以，酒店对大学实习生的培训通常采取忽视的态度。其次，酒店即使对大学实习生采取培训，大多流于表面，而不重视培训内涵。如刚进入酒店时的入职培训，将大学实习生与新员工“一锅烩”；入职后，在工作中出现问题了，迫于上级管理部门的压力对大学实习生与新老员工实施一些紧急培训。而大学实习生与其他员工从教育背景、学习接受能力以及心理方面都有不同特点，从一定程度上来说，其起点也是不一样的。

（二）酒店经费的制约

酒店管理者从酒店营利性目的出发，关注更多的是培训后能让酒店立刻产生经济效益。但是，这种经济效益的显现需要一定的时间周期。因此，其积极性不高，具体表现在：一方面，酒店不重视大学实习生的培训，经费投入少；另一方面，虽然酒店经费投入不少，但短期内达不到预期的培训效果，导致投入逐渐减少。其直接后果是培训所需的培训师、培训场地、培训设施设备及培训资料等方面都打了折扣，从而导致最终的培训效果不理想。而培训效果不理想，反过来又影响酒店对培训的重视程度与经费投入力度，形成恶性循环。

（三）酒店与大学实习生之间消极抵抗关系的影响

酒店管理专业学生的实习对其毕业后的就业选择有着至关重要的作用。

从学校的单纯环境过渡到社会的复杂环境，从“消费者”角色转换到“服务者”角色，对大学实习生来说既是挑战也是机遇。能否克服实习过程中遇到的困难，锻炼并提高自己的能力是实习的宗旨与目标。由于酒店的敷衍式培训，使他们产生失落甚至抗逆心理，在酒店找不到归属感，对未来感到迷茫与担忧，最终会选择离开酒店行业。因此，酒店与大学实习生之间的消极抵抗会形成酒店人力资源关系的恶性循环。

三、酒店实习生培训的建议与措施

（一）制订合理有效的培训计划与内容

酒店方对大学实习生的培训必须要符合其实际需求。

一方面，要对大学实习生的培训需求进行精准分析。酒店可以通过面谈法、调查法或者观察法准确掌握其培训需求。只有确定了酒店发展需要什么样的员工、员工与工作岗位的要求及与酒店期望值之间的差距等，才能制订合理有效的培训计划与内容，达到预期的培训目的。

另一方面，酒店希望一直为顾客提供优质的服务，但是，其服务满意度除标准规范化外，更多时候是因人而异的。酒店方的主观意愿不能完全避免服务过程中突发性事件或问题的发生，因此，酒店管理层及基层服务员的良好态度以及应对处理能力是减少宾客不愉快体验的关键。单就服务员而言，这种应对突发性事件的能力应成为酒店培训的重要内容。另外，对于高星级酒店或主题酒店，还可以增加除英语外的其他小语种培训，如印度语、阿拉伯语、日语、韩语等。

（二）改进和创新培训方法

酒店的培训方法方式很大程度上影响大学实习生对培训内容的接受程度，除了传统的授课法，还可以采用下列方法。

1. 参观访问法

多用于入职培训，通过带领实习生参观酒店，使其有更直观、具体的了解。也可运用于实习生进入工作岗位后的在职培训，如客房部的实习生。

2. 情景模拟法

在培训过程中，根据实习生即将进入的工作岗位，制定类似与岗位实际情况配套的培训项目，把他们安排在模拟逼真的工作环境中，并要求处理将要面对的事情以及可能出现的各种问题，可让他们快速进入工作角色，较为全面地提高工作能力，也能提前发现存在的问题，及时纠正完善。

3. 头脑风暴法

头脑风暴法提供的是一种就某个主题集中参与人员的注意力与思想进行创造性交流沟通的有效方式。这种方法是在培训师的引导与鼓励下，实习生逐渐踊跃发言，提出各种建议，分析问题也更深更广，不仅能锻炼其思考能力，还能达到解决问题的目的。

4. 交叉培训法

在实习生的入职培训中，通常由酒店各部门负责人进行；而在实习生的在职培训中，通常是由具体部门负责。如果酒店运用交叉培训法，使每个部门除了负责自身的实习生培训外，还可帮助其他部门，使实习生在掌握岗位流程的前提下，更快地了解并掌握酒店相关部门运营管理的系统操作流程，对于其服务质量的提高有着重要作用，从而节省酒店的成本。

5. 辩论法

服务业的瞬时性决定服务的多变。对于酒店管理中问题的解决方法也不一定都有标准与规范。因此，酒店在实习生培训时，将存在争议的典型案例作为论题，分组进行辩论。在对论题的辩驳问难与各抒己见中相互学习，进而提高技能素养。这种方法能加强实习生的团结合作精神，增加知识的全面性，提高对知识技能的主动学习。

（三）加强培训效果评估

培训结束后，对大学实习生的培训效果不只采用试卷检测法与调查问卷法，还可采用转授法。具体来说，在培训的过程中预留时间，由大学实习生担任培训者，充分呈现其学到的知识。这种方法是在一定程度上激励他们的学习主动性，可以较为全面地了解其掌握程度，在双方的互动中查漏补缺，完善培训效果。另外，除了对他们知识技能的掌握评估外，对培训内容与方法、培训者的能力等也要进行评估，有利于今后培训工作的改进与提高。

（四）提高培训师资水平

作为酒店培训的主体之一，培训师不但能对另一主体——大学实习生做到传道授业解惑，还要能掌控整个培训过程，依据培训现场的情况适当调整培训计划，让培训达到最佳效果，又能处理培训中的突发状况。酒店培训师的能力水平直接影响培训效果，不仅要具备所在岗位的知识能力，对酒店有着全面的认识与理解，更要具备良好的口才、高涨的工作热情、娴熟的现场掌控能力，还能因人而异，懂得不同的教授技巧方法，具有良好的应变能力。因此，酒店要加强投入，提高培训师资水平。

（五）进行轮岗实习

酒店方从运营成本考虑，通常不会让大学实习生轮岗实习。酒店方认为在实习期间，大学实习生对本职岗位熟练了，此时调换岗位意味着其所创造的价值或利润达不到酒店的预期目标，而酒店需要再次投入成本对他们进行培训，以适应调换后的岗位。但是，轮岗实习有其不容忽视的优点。一方面，轮岗实习可以让大学实习生更全面了解酒店运营操作过程，促使岗位服务技能的融会贯通，提高服务质量；另一方面，通过轮岗实习，他们可以发现更适合的岗位，能更好地激发出对工作的热情，此时所能创造的价值或利润将大于其在正常状态下的水平。因此，轮岗实习岗位以两个为宜。

高星级酒店培训效果评估体系研究

董雅琪

培训效果评估体系研究的目的是为了提高培训的效果，根据酒店行业本身的特点和发展情况，制定一套系统科学的培训效果评估体系。培训效果评估体系的制定与建立，对于酒店行业改善培训工作的不足，利用培训达到提高培训的投资回报率与生产力及开发人力资本有着重要的实际意义。

一、高星级酒店培训效果评估现状

（一）高星级酒店员工培训现状

随着市场经济的发展，一些著名的大型企业如被大家所熟悉的海尔集团、联想集团等的员工培训已达到了相当高的水平，不管是投资力度还是培训体制的完善与改进都足以说明。但是，仍然存在着诸多问题。史建芳（2010）在《我国企业员工培训的现状、问题及对策》中指出：企业对员工培训存在认识上的偏差，只针对少数的员工进行培训，培训名目设置得不够系统、培训方式相对单一。谭春霞（2008）在《酒店员工培训中存在的问题及对策分析》中指出酒店重基层职工培训而轻管理人员培训，重业务培训而轻素质培训，重培训形式而轻培训效果及考核。

（二）高星级酒店培训效果评估现状

英国管理服务委员会对培训效果评估的定义是经过评价来判别培训是否达到既定目标的过程。国内有关企业培训效果评估研究的特点和内容主要集中在以下四个方面：对培训效果评估模型的研究、对培训效果评估方法的研究、对培训效果评估体系的研究与对培训效果评估影响因素的研究。潘秋鸿在《高星级饭店培训效果评估研究》中对酒店培训效果评价研究进行得最为深入，在柯克帕特里克四层次评价模型的基础上，构建了企业培训效果评价指标体系，对指标体系中各指标的评价方法及权重分配进行比较具体的研究，并对影响效果评估施行的要素进行详细分析，提出有效展开培训成果评估的保障系统。

（三）存在的问题

虽然国内对于酒店行业培训效果评价有所研究，但缺乏完善的培训评估体系，导致在实际中存在很多问题。

第一，培训效果评估过程中投资不足；

第二，评估的考核工作有很大限制，方式相对简单，信息来源有限；

第三，现阶段的培训效果评估仅仅停留在比较简单的层次上；

第四，培训效果的测评方式比较单调；

第五，在评估中记录缺少系统有效的管理，造成一定程度上的脱节。

因此，国内的酒店培训效果评估还处于比较浅的层面上。

（四）原因分析及总结

出现以上情况的原因主要是：

一是酒店在培训工作上不愿花费过多的资源；

二是目前有些酒店在基本培训评估考核时不重视，评估时仅凭一张简单的试卷；

三是信息来源仅从培训对象以及周围一些简单的相关人物调查得知；

四是培训开展者责任心不够强，导致评估与事实不相符，而层次深一点的培训又是他们不能开展的；

五是由于一些原因，不能及时对培训评估的一系列事物进行记录，资料不完整不系统，导致在后续环环相扣的工作进程中无法有序展开。

因此，当前迫切需要提高酒店管理层的综合素质，选择有效的培训效果评估方法和模型，争取在创建符合酒店实际情况的培训效果评估指标体系过程中得到更多的支持，才能更好地进行培训评估工作。

二、高星级酒店培训效果评估指标体系的创建

（一）指标设计的一般原则

培训效果评估的指标是评估的重要依据，指标的设定对于评估的最终结果起着决定性作用。指标满足可操作性、全面综合性、系统优化性、科学性、非相关性等原则，则评估结果更加有说服力。

1. 可操作性原则

评估指标的建立有较强的实用性和易操作性。指标要保障数据的精准完好和及时获得。高星级酒店花费在酒店培训评估工作上的资源是有限的，其受训者主要以员工为主，因此，在选取指标时，宜选择相对易于收集数据且操作性较强的项目，避免涉及隐私指标，且选取的指标不宜太多、培训时间不宜太长，避免因员工反感、参与评估积极性不强、态度不认真而造成评估结果的真实性下降。

2. 全面综合性原则

培训效果具有多样性，其评估指标包含范围广、涉及影响因素多，不仅有短期还有长期的绩效考核指标。根据酒店培训的投资特点，参考柯克帕特里克四层次评估模型，从多方面反映酒店培训的有效性，既有定性也有定量的指标评估酒店投资培训的效果。

3. 系统优化原则

优化的培训效果评估指标体系必须涉及被评价对象的多项指标。这些指标相互制约、相互联系，既存在着相互依存的横向联系也有纵向联系，要界限分明，体现出很强的系统性。

4. 科学性原则

科学性原则是针对所使用的评估方法而言。在培训评估指标体系中，无论是定量还是定性的方法或模型都必须客观，越符合实际就越科学。

5. 非相关性原则

评估指标的非相关性原则指的是指标应该全面丰富，不应在指标体系中呈现指标存在恒等的关系或者完全的线性组合关系，也就是说，每个指标体系中的指标都是有价值的，不是多余重叠的。

（二）培训有效性评估模型

1. 泰勒模式

诞生于20世纪30年代的泰勒模式是根据事先确定的目标，选择教学内容和方法进行评估和改善，直到达到既定目标。其关于培训评估的理论指导在于确定培训评估的首要任务是培训能否达成目标。

2. 目标导向模型法

目标导向模型法的精华在于：

第一，关注了受训者的动机；

第二，受训者个体素质和才能的进步程度；

第三，优先思考的要素是培训效果的测量和确认；

第四，培训的执行者和评估者是培训者和公司其他人。

3. 柯克帕特里克模型

柯克帕特里克模型主要是通过把培训的效果分层次进行有效评估，具体如表1所示。

表1　柯克帕特里克四层次培训评估模式

层面	标准	评估重点	相关问题	评估方式	评估时间
一级评估	反应	评估学员对课程的满意程度	受训者喜欢该项目吗？课程有用吗	受训者对培训的感受和看法	一结束就进行

续表

层面	标准	评估重点	相关问题	评估方式	评估时间
二级评估	学习	受训者在知识、技能、态度、行为方式方面的收获	受训者培训前后，在各方面的把握水平有多大的进步	书面测验、模拟情景、操作测验、学前学后比较	培训完毕之后
三级评估	行为	受训者在工作中的行为改进	受训者培训前后行为有无不同？完成任务时能否运用在培训中学的知识	问卷调查法、面谈法、观察法、行动计划法等	培训完毕后三个月进行
四级评估	结果	受训者获得的经营业绩	组织是否因培训而经营得越来越好	培训前后绩效周期的绩效结果对比	培训完毕后半年或一年进行

4. 菲利普斯五层次模型

菲利普斯五层次模型是在柯克帕特里克四层次培训评估模式的基础上，增加了第五级评估即投资回报率（ROT），是将培训项目的成本和效益进行相比所得出的实际价值。其计算公式为：ROT= 项目净效益 / 项目成本 ×100%

（三）评估指标体系的创建

根据酒店员工培训效果评估的具体流程，借鉴已有的效果评估模型和评估指标，构建如表 2 所示的高星级酒店培训效果评估指标体系。

表 2　高星级酒店培训效果评估指标体系

项目	一级指标	二级指标	三级指标
反应层	情感成果	培训内容评估 培训师评估 培训环境评估	课程内容的启发性 课程内容的丰富性 培训师的课堂感染力 培训师讲授的逻辑性 培训组织工作情况 培训教学环境和设备情况 培训材料的准备情况 培训时间的安排情况
学习层	认知成果	员工对知识理解吸收程度 员工对技能的吸收程度	受训者的课堂参与程度 员工对于相关知识原理掌握情况

续表

项目	一级指标	二级指标	三级指标
行为层	技能成果	受训者的工作效率 受训者的工作质量 受训者的工作态度	增强员工团队合作精神 提高员工人际关系适应能力 提高员工岗位持续学习能力 提高员工压力和应急处理能力 提高员工的创新能力 提高员工的决策能力 提高酒店部门的效率
效果层	绩效成果	酒店人力资源指标 酒店顾客评价指标	员工的忠诚度 员工的满意度 员工的离职率 员工的工作积极性 顾客的忠诚度 顾客的投诉率 顾客的满意度
投资回报率	项目净效益 / 项目成本 ×100%		

三、高星级酒店培训效果评估研究

（一）高星级酒店培训效果评估流程

评估是一项技术性很强的工作，能检验培训管理体系的有效性，衡量工作中取得的成绩，找到培训管理中存在的问题。为了顺利并客观公正地开展培训工作，就必须规范、科学地进行评估。从高星级酒店行业特点、评估现状、评估资源看，具体由五个步骤组成：培训需求分析、评估目标、评估方案制定、评估方案实施和评估报告。

1. 培训需求分析

进行酒店培训的需求分析是培训评估的首要环节，具有较强的指导性。在培训前，酒店通过培训需求分析找出具体的态度、知识、技能缺陷，使培训工作更具针对性。同时，由于需求分析的存在，使得无关紧要的培训项目被及时终止，节约了培训资源。需求分析内容包括：确认培训对象；确定培训内容，包括排他分析与因素确认；确定培训方向，即员工在知识、技能和能力素质方面的要求；确认酒店在战略管理下可利用的培训资源。

常见的需求分析模型为 Goldstein 模型，如图 1 所示。

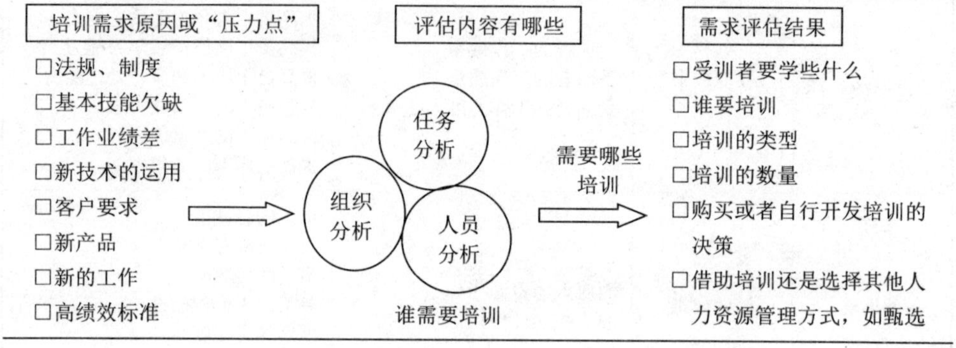

图 1　Goldstein 模型

2. 评估目标

评估目标主要包含确认是否进行培训评估、培训评估的可行性分析、培训评估项目的确立、培训评估目标的确立。评估的可行性分析指在培训评估开始前确认评价是否有价值。酒店在规模较大的培训项目开展前要进行成本和收益分析比较，确认项目产生的收益大于酒店投入的培训评估成本后再具体实施。经过评估培训需求分析，获知受训员工完成任务需要具备的知识、技巧、能力，所要确认评估的目标也会变得明晰。

3. 评估方案制定

培训评估方案包括酒店培训测评的价值剖析，培训评估的项目及其目标，培训效果评估的时间、地点和人员，培训评估运用的方法、标准和步骤，培训评估工作的分工和协作，撰写培训评估报告与反馈等。在制定培训评估方案时，需寻求培训项目的实施者和外部培训专家的建议，确保科学性和可操作性。

4. 评估方案实施

评估方案实施包括培训信息的收集、整理和分析。评估中常采用定性和定量相结合的办法。另外，对评估操作中不同的评估信息，收集的渠道也有差异。一般的收集方法有原始资料收集法、观赏活动收集法、访谈活动收集法和调查问卷法。由于信息来自不同的渠道，其形式也会有所不同，需要一些有针对性的统计方法，如趋中趋势分析、相关趋势分析、对照组和假设检验分析等方法。最后，通过表格与图标等将所收集的信息形象地呈现，并运用相关软件做好信息处理。

5. 评估报告

评估报告是整个酒店培训评估的收尾环节，是利用培训效果评估分析结果，对酒店培训所进行的整体评价。一般包含四个部分。

一是评价背景的阐明与培训目标概述；

二是培训过程说明（包括评估目的、对象、类型、评估性质及期待的结果等）；

三是培训结果与目标的比较；

四是培训项目计划调整的建议。

在依据结果进行综合分析的基础上指出收获，并客观地分析方案实施过程中存在的问题和缺陷。最后，效果好的项目可选择保留，对于有缺陷的项目提出建议和改正措施，为下一次开展评估活动提供借鉴。

综上所述，酒店培训效果评估流程如图 2 所示。

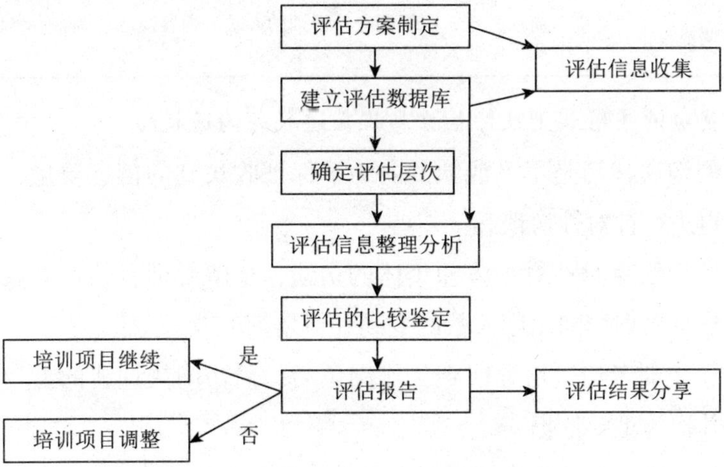

图 2 酒店培训效果评估流程

（二）高星级酒店培训效果评估信息的收集

1. 高星级酒店培训效果评估信息的收集渠道

酒店培训成果信息的类型对培训效果的影响非常大，需多样性的信息采集模式、全面的采集渠道、客观又合理的收集技术有机结合。为确保酒店培训效果评估的精确度，对于评估指标的信息采集要做到以下几点：

一是主观信息的采集。主观采集信息确定之后，正面采集个体对培训的反馈。

二是客观信息的采集，包括一切可用数据衡量的信息，进行多次测试和模拟，以确保信息的准确性和稳定性。

三是信息之间的对比分析，在同一问题的不同主体间进行对比分析。

酒店培训效果评估信息的收集渠道主要有以下四种，具体如表 3 所示。

表 3　高星级酒店培训效果评估信息的收集渠道

评估信息收集方法	收集的信息
通过资料收集	培训的方案；有关的领导批示；培训的一些录音；问卷的原始资料及分析资料
通过观察收集	工作的准备情况；培训现场的情况；出席率；受训者反映
通过访问收集	受训者；培训实施者；组织者；受训者上司、同事或下属
通过调查收集	需求调查；组织调查；培训的方式、内容及地点调查；培训师或培训相关专业人员的调查；效果调查

2. 高星级酒店培训效果评估信息收集过程的沟通技巧

良好的沟通技巧是不可或缺的。为了保证收集到的信息质量，在做好充足准备后再进行针对性访谈。

一是培训结束时针对个体和集体的访谈，了解受训者的个人收获和满意度，掌握员工培训期间出席人数的变动和对培训的改进意见。

二是在受训者经过培训回到工作岗位后，需访问受训者的上司与下属等获取看法并作为重要依据。

三是根据受训者的工作效益评定培训成效，对比受训前后情况。

3. 高星级酒店培训效果评估信息的处理

酒店培训效果评估信息因类型、收集方式等不同，其处理也有很大的不同。首先，分类归档；其次，使用直观的工具，如表格、直方图、曲线分布图等展示各种统计指标的分布情况和变化趋势。

（三）高星级酒店培训效果评估方案的实施

1. 高星级酒店培训效果评估要求

（1）明确酒店培训效果评估的目的，检验培训效果，如培训目标的合理性、培训的达成度、后续的改进措施等。

（2）确定酒店培训效果评估的项目（指标）和内容，具体包括受训者对该酒店培训计划满意度的评估；受训者知识的收获程度；受训者个人工作绩效与之前相比的改善情况，受训者受训后对组织绩效的贡献度。在这个过程中，通过酒店中受训者的上司、下属、同级同事等对其作出合理评价，根据工作中的事故发生率、销售量、成本效益以及顾客投诉等指标判断受训者受训前后的技能、知识等的掌握情况。

（3）酒店培训效果评估方式的设计一般有前测法、后测法与控制群体。前测法显示受训者的知识技能或者绩效的培训前水平；后测法了解受训者知识技能或者绩效培训后的水平；控制群体控制对照组的变量。

2. 评估的方法

酒店培训效果评估的方法主要有观察法、问卷评估法、访谈法、测验法、情景模拟测试、绩效考核法、效益评价法等。

3. 培训效果四层次评估应用

参照柯克帕特里克四层次评估模型，培训的有效性评估应在不同的层面创设。

（1）反应层面评估。它是最基本的评估，主要测试受训者对培训的感受。测评办法采用问卷调查法，具体如表 4 所示。

表 4　酒店员工培训满意度测评表

课程名称		课程编号	
课程日期		课时数	
所在事业群		讲师	
测评指标	指标分解		评分（打“√”）很差→很好
课程说明	清楚参加培训的目的		1　2　3　4　5
	培训内容是自己需要的		1　2　3　4　5
	了解课程的重点		1　2　3　4　5
课程内容	仅仅容易了解		1　2　3　4　5
	课程结构完整		1　2　3　4　5
	内容有针对性，考虑学员接受水平		1　2　3　4　5
	学员参与练习		1　2　3　4　5
课程材料	教材选择合理		1　2　3　4　5
	内容较新，贴近生产实际		1　2　3　4　5
	配发辅助教材		1　2　3　4　5
讲师表现	专业知识水平		1　2　3　4　5
	教学技巧		1　2　3　4　5
	责任心与职业道德		1　2　3　4　5
学员参与程度	受训人参与程度		1　2　3　4　5
	其他学员参与程度		1　2　3　4　5
培训会务	课程时间安排是否合理		1　2　3　4　5
	场地硬件设施		1　2　3　4　5
	学员的食宿安排		1　2　3　4　5
课程整体评估	整体感受		1　2　3　4　5
	与以前培训相比有无改进		1　2　3　4　5
其他意见与建议			
总分	评估等级		差、合格、中、良、优

（2）学习层次评估。主要是评价学员学习到的知识、技艺改良状况、态度改变状况等。一般通过考试测试的方法进行评估。测试的考评等级一般为优秀（90 分以上）、良好（81~90 分）、中（71~80 分）、差（70 分以下）四个等级，并对相应等级的学员作出对应的奖励或处罚措施。

（3）行为层面评估。主要是评估学员接受培训后回到工作岗位所产生的一些变化。现行的做法是设计调查问卷，通过自评、他评的方法进行。不同的培训其相应的评估标准也不尽相同。表 5 是某高星级酒店副经理以上人员培训之后的行为评估表。

表 5 某高星级酒店管理人员培训行为测评表

请根据你的真实情况回答下面的问题。你的回答主要反映你培训后在领导方式上的变化，这对以后的培训课程的进行有很大的帮助。该问卷为匿名，请务必客观真实，谢谢！	
问卷项目	**与过去相比此方面花费的时间精力情况**
1. 愿意接触和了解员工	5 4 3 2 1
2. 愿意倾听下属的意见	5 4 3 2 1
3. 对下属的行为会给予表扬和鼓励	5 4 3 2 1
4. 与员工沟通，了解他们的生活和家庭情况	5 4 3 2 1
5. 会主动去征询下属的意见	5 4 3 2 1
6. 实行走动管理	5 4 3 2 1
7. 会关心新员工家庭	5 4 3 2 1
8. 会与新员工分享自己的工作经历情况	5 4 3 2 1
9. 主动把新员工介绍给其他的一些同事	5 4 3 2 1
10. 帮助并指导下属改正工作中的失误	5 4 3 2 1
11. 培训指导下属	5 4 3 2 1

（4）结果层面评估。结果层面评估是四个评估中最为困难的测评，不仅需要大量的时间也缺乏必需的技术和经验，并且无法分辨哪些指标的提高是培训产生的结果，因此，无法直接与部门配合。但是，结果层面的评估主要测评培训对组织绩效带来的变化，其指标如表 6 所示。

表 6　结果层面培训测评指标

管理人员培训	营销配额培训	客户关系培训
产量增加	销售量提高	订单出错率减少
缺勤和怠工减少	平均销售规模扩大	订单增加
成本下降	新客户数目增加	每日交易数目增加
离职率减少	按期付款比率上升	客户回访次数增加
员工建议数增加	销售费用下降	失去的客户数目减少
员工态度和工作氛围改变	每张订单的物品数量增加	顾客投诉率减少

（四）酒店培训效果评估的跟踪反馈

为保障酒店培训取得预期成效，必须对培训的全程进行跟踪和评估，以保障培训活动按方案实施，及时处理培训中出现的一些问题，准确记录培训中的影响因素，便于在今后的培训中加以改进和提高。具体包括培训前对预期培训效果的分析、培训中对培训效果的监测与评价、培训后的培训效果评估与管理效率评估。

第二章　营销视角

商务型酒店营销策略研究

——以浙江三立开元名都大酒店为例

宋　莉

一、引言

近年来，随着我国国民收入的快速增长，商务型酒店迎来了更大的发展机遇。商务型酒店拥有着一种新型的经营方式，以商务客人为主，其占比一般不低于 70%。相对纯粹度假的客人，商务客人在选择酒店时会更关注并愿意支付更高的价格获取满意的服务。但是，同质化已经成为商务型酒店发展的新挑战，大多数商务型酒店在硬件设施、软件服务等方面的相似性以及营销方面存在的问题使其发展受到限制。因此，研究商务型酒店的营销策略，打造独具特色的经营理念，对实现商务型酒店可持续发展具有重要的现实意义。

二、浙江三立开元名都大酒店营销策略的现状及存在问题

（一）现状

开元酒店集团是中国最大的民营高星级连锁酒店集团，位于中国饭店集

团前 5 强。浙江三立开元名都大酒店是由浙江三立集团投资建设的，是开元酒店集团旗下首家坐落于杭州主城区的五星级酒店，所处地理位置优越，交通方便，毗邻西湖风景区、杭州东站。该酒店分为大堂吧、西餐厅、中餐厅和宴会厅等，有 400 多间客房，康乐设施也很齐全。酒店秉持“开元酒店”品牌，突出品牌特色，把自身打造成五星级豪华商务酒店，为商务和休闲旅客提供豪华的食宿条件，是商务会议、旅游休闲的最佳选择。

（二）营销策略存在的问题

1. 品牌支持不够突出

在市场竞争中，品牌是酒店竞争力的主要来源，良好的品牌不仅可以提高其价值，还可以带来发展机遇。品牌特征越独特越具有吸引力，越易于顾客识别，不仅可以提高顾客的购买欲望和忠诚度，还可以节约顾客成本。品牌往往具有特定的名称、logo 与色彩等组成要素，是酒店向广大顾客作出的承诺，在一定程度上是顾客对酒店产品以及酒店服务质量判断的依据。对于酒店员工而言，品牌是其服务质量的标准，如洲际品牌、万豪品牌、喜达屋品牌等酒店的支持力度很大，从而造就了独一无二的品牌影响力。另外，同品牌间的酒店可以共享档案，为顾客提供特色服务。然而，浙江三立开元名都大酒店虽然秉承“开元酒店”品牌，但在某些方面却没有很好地突出开元品牌的内涵，如需加深对品牌挖掘与战略实施评估；加大对员工的关怀；酒店对员工的培训大多停留在单纯的理论讲解上，实际操作练习很少；酒店的新员工没有接受过正规培训就直接为顾客服务等。

2. 企业文化不够突出

企业文化在企业中的地位举足轻重，酒店行业作为服务业，决定了其应具备浓厚的文化氛围。浙江三立开元名都大酒店在经营过程中，企业文化融入不够突出，员工在服务中不能提供独具特色的酒店服务，不能很好地贯彻落实酒店的文化优势，主要在于酒店管理与文化融合不够深入，而是一味地追求效益，在一定程度上忽略了员工作为酒店文化体现者的价值。

3. 酒店产品比较单一

酒店产品主要是由有形产品和无形产品组成，此外，还包括顾客的愿望、要求和满意度。有形产品通常指的是酒店的硬件设施，如设施、设备等。无形产品主要指的是对顾客的服务。与一般的有形产品相比，无形产品具有自己独有的特征：无形性、不一致性、不可分割性、不可储存性。正是由于产品的这些特征，酒店在制定产品策略时需要考虑产品的多样化，而浙江三立开元名都大酒店在这方面还需加强。就有形产品而言，该酒店的设施设备很齐全，然而，并没有很好地利用这些资源作出具有特色的产品；再如，一直以来酒店西餐厅的菜品没有多大的变化，遇到节假日会增添一些菜色，但没有完全满足顾客的需求。就无形产品而言，该酒店的大部分员工为实习生，人员流动较大，更换频繁，其经营理念以及文化无法透彻领悟、充分呈现，直接影响服务质量。因此，该酒店没有充分依靠自身的文化特色打造出独一无二的拳头产品，导致在市场竞争中存在很多隐患。

4. 同质化现象

近年来，随着酒店行业的发展，同价值、同类型、同星级酒店在硬件产品和服务方面趋于同质化，激烈的市场竞争考验酒店的生存能力。在当前的标准化市场下，浙江三立开元名都大酒店也不例外，缺乏创新性，与同类型的酒店相比，没有差异化的产品和服务意识。

三、浙江三立开元名都大酒店应采取的营销策略

（一）强化品牌策略

确立品牌，同时也确立产品市场定位和产品特性定位。优秀的品牌不仅是重要的知识产权也是无形资产，更是强大的市场力量，可以满足消费者在物质、心理上的需求，也可以给消费者带来信心和保证。开元旗下的品牌酒店较多，虽然浙江三立开元名都大酒店秉承“开元品牌”，拥有强大的品牌效应，但仍需要在竞争中提高自己，强化自身的品牌策略。

1. 建立品牌战略规划

当前，信息化快速发展，信息传播越来越迅速，产品、技术和管理技术因其易被模仿难以成为保障酒店长期发展的动力。而品牌一旦建立，不仅成为酒店长期发展的动力，而且因其所具备的独特性而不易被模仿。基于以上分析，该酒店要通过建立品牌战略规划，实施品牌策划以提升品牌形象，提高消费者对产品的认知度与忠诚度。实施品牌战略的关键是准确把握住消费者的喜好，深入研究消费者的内心世界，掌握其所想所需及购买动机；同时，洞悉行业内的特性、竞争品牌的特点，做好定位，建立有效的品牌识别体系，并以此管理所有价值活动。

2. 定期评估品牌战略的实施效果

质量是实施品牌战略的关键核心，市场战略是实施品牌战略的根本。因此，树立市场导向观念，紧抓产品质量，定期实施评估，具体可从品牌价值着手。评估品牌价值的方法主要有四种：市场结构模型法、克敏模型法、Interbrand 价值评估模型法和品牌价值评价模型法。其中，市场结构模型法的优点是综合考量，比较全面，更客观地从多方面反映出一个品牌的价值；缺点是需要统计的信息量比较大，得到完整全面的信息比较困难。同时，统计过程也会存在偏差或错误数据，这是市场结构模型法在大多数情况下难以应用的主要原因之一。相同或类似品牌的价值是可以计算出来的，因此，该酒店可以用此方法定期对品牌的实施效果进行战略评估。运用此方法进行定期评估时，依据同行业或者类似行业的品牌价值进行比较，进而得出自身的品牌价值。具体步骤如下：

（1）测算出已知价值品牌和被评估品牌的三种能力数值。

市场占有能力 = 企业销售收入 / 行业销售总收入

市场创利能力 = 净资产收益率 − 行业平均净资产收益率

市场发展能力 = 销售增长额 / 去年销售额

（2）求出被评估品牌每种能力占已知价值品牌相应能力的百分比，然后根据行业的具体情况，如企业规模、行业特点等对三种能力的百分比进行权数调整，然后进行加权平均计算。

（3）代入公式：

被评估品牌价值 = 某一可以比照品牌的价值 × 调整后的加权平均百分比

（二）产品多样化策略

1. 有形产品多样化策略

酒店产品的基本特点是综合性和季节性。一方面，酒店满足顾客在吃、住、行、购、游、娱等方面的需要，使酒店产品同时具有生存、享受和发展功能；另一方面，由于季节、气候、社会活动等不可抗力因素影响，酒店产品的消费具有很明显的季节性。因此，浙江三立开元名都大酒店要满足顾客的多层次消费，必须推出多样化的有形产品。

2. 无形产品多样化策略

酒店产品中直接包含着人的因素，不仅指为顾客服务的员工，也指其他顾客，均是体验酒店产品和服务的构成部分。酒店服务具有无形性。来自世界各地的顾客有着不同的社会背景、经济环境、风俗习惯、体验、消费水平和结构，服务接待的要求各不相同。顾客自身的需求和特点在一定程度上也影响酒店的服务质量，而顾客对服务质量的感知往往以一种更大的个人色彩为特征。因此，浙江三立开元名都大酒店要加强对员工的针对性培训，使员工深刻理解酒店的企业文化与经营环境，并付诸行动。如酒店员工愉悦的微笑和贴心的关怀，顾客舒适、安全的体验使酒店的无形产品更加多样化，进而提升酒店的服务水平。酒店的服务人员要依据服务质量标准认真对待，增强归属感。虽然对顾客来说，不管好坏，酒店服务是一次性的，但对酒店而言，造成的损失往往是难以弥补的。

从酒店的发展前景看，单纯的餐饮供应、客房服务已不能满足客户的需求，更多地朝着成为消费者体验规划者和提供各种体验消费场地的方向发展。因此，该酒店只有创造出独特的消费体验产品，消除同质化现象，给消费者带来全新的消费体验，才能脱颖而出，进而获得市场，拥有更广泛的忠实顾客群。

3. 产品差异化营销策略

目前，我国商务型酒店的产品大同小异，彼此间有很大的被替代可能性。而将来，产品差异化不明显将成为商务型酒店一个极其致命的问题。以商务团队客人为主要客源的酒店需加强商务中心在酒店和餐厅服务中的地位，集中资源满足商务客人的不同需求。浙江三立开元名都大酒店提供的“床+早餐”服务，与同类型酒店相比并无特别之处。因此，酒店应推出一些特色产品，获得顾客更多的关注。要合理利用酒店的地理位置，如针对在杭州举行的马拉松比赛可适时推出运动主题房，让顾客在工作之余享受运动的乐趣。再如近几年亲子节目火爆，酒店可借机推出亲子主题客房，根据小朋友喜欢的电影形象设置客房；同时，结合亲子元素打造开元动画人物纪念品，赠送给顾客带来的小朋友，拉近彼此间的距离。

4. 服务差异化营销策略

酒店服务的差异化是相对于酒店服务的标准化、规范化、程序化而言的。五星级商务酒店的设施设备已趋于完善，因此，客户服务方式更为务实，注重舒适、方便、安全。酒店服务的差异化主要从细节入手，在细节上体现人性化。对于商务客人来说，最宝贵的是时间。因此，浙江三立开元名都大酒店可实施“一站式”或“目的地”服务模式，在登记入住和结账离店时提升服务的灵活度，增强服务的有效性。如入住的顾客大多是团队商务客人，在分配房间上大部分是标准双人间，可以设置不同颜色的拖鞋便于区分；设置各类自助售货机，为顾客提供服务；为客房配置婴儿床、儿童床等，提供差异化服务，提高顾客的忠诚度。

（三）新媒体营销策略

1.“三微”营销

（1）微博营销。近几年来，微博营销日益火爆。微博营销作用强大，酒店可随时在网上发布各类最新产品及服务信息，顾客可以通过微博客户端直接了解酒店的各种信息。由于微博具有直接评论和转发的功能，因此，通过转发，不仅为老顾客提供参考，还可以吸引潜在顾客。老顾客对酒店产品和服务的评论不仅可为潜在顾客作参考，也利于酒店的针对性改善。从浙江三立开元名都大酒店的官方微博中，可以看出并没有很好地利用微博这一平台，其中，很多微博的原创不足。虽然不时推出一些活动，如会议、婚礼等，但并没有很好地融入当前的一些节日和热门话题；其次，与顾客的沟通回复效率不高。因此，该酒店要加大微博的管理力度，充分利用微博进行营销，推出一些促销活动或有奖活动，加强与粉丝的互动，时刻关注信息反馈，及时、有效处理顾客的各项意见和建议。

（2）微信营销。微信是目前国内最火热的社交平台。虽然每个酒店都有着自己的微信公众号，但酒店业对于微信社交平台的利用仍处于初级阶段，在微信营销上还有很大的发展空间。对于商务客人来说，微信作为一种沟通渠道，已经是他们日常生活不可缺少的重要组成部分。因此，浙江三立开元名都大酒店可以利用微信平台加强与顾客的沟通，这不仅关乎初次预订和第二次预订，还影响着顾客的忠诚度。可以通过微信公众号及时更新酒店信息，与顾客做好互动；不断完善会员奖励机制建设，如综合激励、渠道折扣、具体包装产品等，加强微信平台的营销力度。

（3）微电影营销。微电影指的是通过各种新的媒体平台，在移动状态下观看或在有限的时间内观看的新形式。其成本低、播放周期较短，但传播力度大，受众广，更有利于对酒店品牌的传播。在广告植入方面很自然，易于体现故事的风格，使顾客在不知不觉中认识到酒店品牌。因此，浙江三立开元名都大酒店可以运用微电影进行营销，打造属于自己的微电影，在微电影中融入自己的品牌、独特的文化、特色的服务等。

2. 网站与APP营销

（1）加强与专业酒店营销网络平台的合作。近年来，随着互联网的快速发展，在线旅行社（OTA）如雨后春笋般出现，比如携程网、去哪儿网等营销网络平台均有良好的发展势头。其中，旅游类相关服务的预订数量与总利润超过了传统旅游业大户——国旅、中旅、青旅。OTA 能给酒店带来很大的客房销量，在线直销可以降低酒店的成本，实现最大利润；同时，也可以减少酒店对某些营销渠道的过度依赖。因此，浙江三立开元名都大酒店在重视和 OTA 合作的同时，可大力发展自身直销渠道，增强顾客的黏性。

（2）借助酒店官网推广。从国内酒店的发展现状看，不少酒店的官方网站仅作为酒店形象的展示窗口。由于专业技术人员的匮乏，一方面，产品和服务的定期更新难以实现，另一方面，电子商务的发展及应用更是难以企及。因此，浙江三立开元名都大酒店应加大对酒店官网的投入力度，制订具体可操作的计划，从提高客户忠诚度出发，充分展示自身特色，并通过网站推广传播，促进酒店营销。

（3）促成与团购 APP 的合作。当今，生活节奏非常快，网购是省时省力的选择。随着智能手机的普及，一些名气较大的网站，如美团网、拉手网、糯米网以及去哪儿网等的团购 APP 已经覆盖了大部分的顾客群。因此，浙江三立开元名都大酒店要加强与团购 APP 的合作，不仅可以提高自身声誉，还可以通过价格调控调节客流量。在淡季和旺季制定有针对性的营销策略，如旺季时适当减少优惠活动，淡季时增加赠送团购券、团体客人优惠、有奖竞猜等活动。

（四）创新性营销策略

1. 主题营销

主题营销是根据酒店的经营状况，策划出一系列符合酒店特点、时令、顾客需求、当前比较热门的话题等因素的营销活动。酒店可以从这些因素中选择一个或几个作为营销主题的吸引因素，向顾客展示特色，进而吸引顾客的眼球，产生购买的欲望。浙江三立开元名都大酒店要加强主题营销，可从以下三方面实施。

（1）主题酒店。浙江三立开元名都大酒店地理位置优越，可以杭州市的优美风光为基础，通过局部模拟、微缩仿造形式展现，打造不同主题的客房，成为消费者百住不厌的主题酒店。

（2）主题餐厅。浙江三立开元名都大酒店西餐厅主要的顾客群是团队客人，可打造成大型主题餐厅；而中餐厅目前已经用“西湖十景”命名，在此基础上，应景而设，增加相应的装饰元素与物品配置，使顾客就餐、赏景两不误。

（3）主题活动。主题活动是通过设置清晰的主题赢得市场的关键。浙江三立开元名都大酒店应围绕主题展开各种营销活动，如情人节时推出甜蜜套餐，圣诞节时请乐队来助唱，定期举行亲子活动等。

2. 绿色营销

酒店绿色营销是将酒店利益、消费者利益与环境保护利益结合起来，对酒店的产品和服务进行构思、设计、销售和制造。浙江三立开元名都大酒店要根据自身特点，实施绿色营销，实现绿色客房、绿色餐厅、绿色服务的创建目标，为顾客提供环保的设施设备、能源、原材料及用品等；提供健康无公害的有机蔬菜、肉类及其他无污染安全食品，以保护自然资源、生态环境和人类的健康为宗旨，为顾客提供符合其需求的服务。

浅析浙江世贸君澜大饭店网络营销的问题及应对策略

陈　晓

一、网络营销及其特点

（一）网络营销的定义

网络营销始于20世纪90年代，延续至今，是一种营销战略，目的是实现企业的总体利益。网络营销是以互联网为基础，以网络、通信设施设备和数字媒体技术为手段开展的营销活动，是当今社会的一种重要生活与工作手段，其价值在于利用的是网络技术，因此，也渐渐成为营销活动的主要方式。网络营销不仅是一种处于高级地位的营销，还是一种商务型活动，以现代营销理论为基本理论，克服了传统营销的种种时间与空间、意识与技术上的障碍，可以使商品或服务从生产者到消费者的途径变得迅速高效，满足消费者的身心需求。总之，不管是信息的发出、集合，还是进展到以网上交易为主的电子商务阶段，网络营销贯穿始终。

（二）网络营销的特点

网络营销是通过网络作为渠道进行商品交易的。正是这样的创新渠道，使得网络营销在传统营销的基础上发生了巨大的变化。

1. 商品交易形式的变化

传统交易方式的市场是有形可见的，而网络营销走向了虚拟市场，不再局限于实物市场，其交易活动通过互联网传递信息来实现。交易形式的改变使得具有雄厚资金实力的大规模企业不再总是处于领先地位，对其他企业的影响力与威慑力也变小，所有企业可以公平地站在同一起跑线上。因此，即使是小型公司，其市场全球化也成了可能。

2. 营销策略的变化

传统的营销方式需要面对面交流，若是远距离的交易花费的成本更是不菲，而网络营销借助网络直接把生产商、销售商、消费者连成一线，形成一个业务链。不管是市场信息、销售信息还是自身经营信息，企业都能马上了解，因此，企业处理问题的效率得到极大提升，产品进入市场的时间和消耗也相对减少，服务项目增多了，风险与成本降低了。总之，营销过程中劳动力资源的降低与时间的减少是网络营销高效率的实际体现。

3. 商品交易对象的改变

网络营销需要网络客户，但不需要特定的交易对象。网络交易对象的需求更为独特：

第一，据调查，18 到 30 岁的网民使用网络购买物品相对于其他年龄段的人要多得多，这也是网络营销商品交易的主要对象。

第二，女性相对于男性更喜欢使用网络购买物品和服务。

第三，由于网络交易需要具备快速阅读和熟练的计算机操作能力，因此，一部分文化较高的网民成为网络营销的交易对象主体。

4. 商品交易范围的改变

传统营销的范围较窄，一般选择近距离的市场。而网络营销是面向全球的，虽然其商品的销售具有一定的限制性，即并非所有商品都适合在网上进行销售，但随着商品交易范围的扩大即市场的扩大，其解决市场问题相对而言比较容易。

5. 交流方式的改变

网络营销利用网络技术进行经营活动，交易双方的交流快捷简单，更显人性化、个别化。销售者与消费者的互动既体现在销售者更多地运用网络，也体现在消费者更愿意使用网络对企业服务和产品作出合理评价，还体现在销售者可以通过网络为多位消费者答疑解惑，帮助消费者了解产品全部信息，甚至可以让消费者直接参与产品的整个生产过程，尽最大可能迎合消费者需求，解决消费者疑惑。

二、浙江世贸君澜大饭店的网络营销现状

（一）浙江世贸君澜大饭店网络营销调查

借助各大关于旅行和酒店的 APP 平台，通过有代表性和权威性 APP 平台的调查数据比较，从而得出相关结论，具体如下表所示。

浙江世贸君澜大饭店在各 APP 平台评价统计表（2018 年）

APP 平台	评分	好评率 /%	评价
美团网	4.8	95	服务周到，早餐给力，设施齐全
携程网	4.8	97	文化底蕴好，早餐丰富，地理位置优越
去哪儿网	4.5	98	历史悠久，地理位置优越，服务周到
艺龙网	4.7	98	干净，服务好，地理位置优越

以上数据仅限于浙江世贸君澜大饭店在部分搜索引擎的推广情况，记录了该酒店在网络运营方面的成果和口碑，但足以表明其在网络营销方面取得较好的成果。其评分非常高，好评率也接近满分。在所有评论中，差评极少，差评多指酒店设备比较陈旧。总体来说，该酒店在网络用户中的口碑极好，不但通过网络营销获得了较高利润，更是打造了良好的酒店品牌形象，与其他酒店的同类数据相比，明显占有很大的竞争优势。

（二）浙江世贸君澜大饭店网络营销的主要方式

浙江世贸君澜大饭店所实施的网络营销除 APP 营销外，主要还有以下几种方式。

1. 搜索引擎推广

该酒店选择顾客依赖程度和习惯性选择相对较高的搜索引擎进行推广，

如美团网、携程网、艺龙网、去哪儿网等平台。该酒店在酒店搜索页中的排名比较靠前，非常有利于酒店的网络营销。只要顾客在各大搜索引擎搜索浙江世贸君澜大饭店，就会出现许多关于该酒店的信息，而顾客可以选择性地点击，便于更好地了解。

2. 社会化媒体营销

社会化媒体营销是在搜索引擎推广基础上的一大进步，是利用社会化网络、在线社区、博客或其他互联网协作平台与媒体传播和发布资讯，从而形成营销、公共关系处理、客户关系服务维护及开拓的一种方式。该酒店在平台展示的套餐产品少，价格高，缺乏吸引力。所运用的社会化媒体营销工具有微博、微信、百科等。通过社会化媒体，不仅能将酒店信息完整地展示给客户，还能实时与客户进行互动交流，也能极大提高酒店品牌的知名度。

3. 电子邮件营销

该酒店经营时间久，已经形成独特而详尽的客史档案。酒店通过电子邮件向客户推送最新消息和适合客户的产品；节假日，以电子邮件形式向新老客户送上节日祝福。运用电子邮件进行沟通既不打扰客户，又能让客户产生好感，使酒店的形象在客户心中得到提升。

4. 官网营销

该酒店拥有专属于自己的官方网站。其网站包括酒店首页、酒店介绍、在线预订、酒店设施等多个板块，不仅以文字、图片形式展示，而且以视频方式全方位展示酒店的信息与成果。

三、浙江世贸君澜大饭店网络营销存在的问题

互联网促进了酒店经济全球化，使浙江世贸君澜大饭店可以开拓全球市场，提高工作效率、降低成本，也使其信息变得更准确，产生更多的沟通互动。互联网营销使酒店市场范围不断扩大，营销能力也有极大提高。虽然浙江世贸君澜大饭店属于商务型、多功能的综合型五星级酒店，接待的大多是商务客人，但目前，该酒店更多地关注传统营销，网络营销还有很大的提升

空间。其网络营销存在的问题主要表现为以下几个方面。

（一）互联网大环境下竞争激烈

当今，酒店网络营销竞争非常激烈。该酒店在网站发布消息的广告相对于报纸、杂志或者其他广告方式要昂贵得多。作为连锁酒店，该酒店在没有互联网之前，依靠独立的订房系统和分布在各地的销售网络垄断了客源，领先单体酒店发展。但是，自从有了互联网，单体酒店通过资源共享、利益共享同样可以与诸多第三方网站合作。而且单体酒店价格相对来说较低，灵活运用网络调整营销策略，不仅能够抓住眼前的市场，更能应对不断变化的市场。虽然该酒店作为连锁酒店相对于单体酒店，有较统一和规范的营销模式和策略，能形成一时的轰动效应，但已不适用于大部分市场。因此，互联网给单体酒店发展带来优势的同时，无疑也给连锁酒店带来更多的压力。

（二）仅依靠酒店官网发布信息

进入该酒店官方网站，可以看到仅发布了酒店信息，其内容不够丰富且没有及时更新。酒店介绍语言简短，缺乏吸引力；在线预订部分无法完成，必须通过第三方网站；另外，客户无法通过其官方网站实现交流，总体水平偏低。

（三）依赖第三方网站预订

该酒店官方网站只能通过客服电话进行。这种口头预订是无法完全保证预订成功的，存在一定的风险。目前，该酒店的预订依然依赖于第三方网站，如携程网、艺龙网等，但预订定价比较高。一是通过第三方预订的订单酒店会给予高额的佣金。二是第三方网站虽然能帮助酒店建立店铺、组织管理、实施促销等，但这些都是在酒店付了一定的佣金基础上才能完成的，无疑增加了成本。如果酒店官方网站可以实现预订，则可以改变依赖第三方网站预订的现状，定价会比第三方网站更低，因而可以吸引更多的顾客。

（四）高层管理者网络经营理念缺失

该酒店整体发展规划中网络营销的比例很少，很多高层管理者依然认为酒店盈利应长期依赖与传统市场的合作，导致酒店对自主网络营销的整体性观念淡薄，缺乏通过网络营销打开市场的营销观念。随着互联网的快速发展和中国网民的日益增多，消费者随着消费环境和消费习惯的变化对互联网越来越依赖。该酒店高层管理者营销理念的不改变会使酒店网络经营走向越来越被动的局面。

（五）社会化媒体营销滞后

很多顾客关注了该酒店的微信公众号，却很少收到该公众号的相关信息。打开该公众号，可以浏览的内容少之又少，无法引起大众的购买欲望。实际上，每个浏览酒店公众号的人都是潜在的消费者。一些酒店为了抓住这些潜在的消费者，在其微信公众号上经常适时推送各种有趣的内容，这对于五星级的浙江世贸君澜大饭店是很大的损失。目前，该酒店的官方微博粉丝虽然达到了 12 万，相较于同类酒店是不俗的成效，但是，微博缺少评论，说明酒店发布的内容大多比较枯燥，并没有真正引起消费者的兴趣；而且该酒店没有利用社会化媒体的功能与客户进行有效、频繁的交流互动。

（六）高级网络营销人才缺失

酒店的网络营销市场是一块大蛋糕，需要专业人才精心管理才能把网络对酒店的效应发挥到极致。酒店高级网络营销人才不仅要熟知网络基础操作方法、网络营销方法、途径，还要对酒店业、酒店消费者有着深刻的认识。目前，浙江世贸君澜大饭店管理网络营销模块工作的是一些非专业性人士管理的，高级网络营销人才缺失也是一大问题。

（七）无法满足消费者的个性化需求

无论是在浙江世贸君澜大饭店的官方网站还是第三方网站都没有体现一定的价格策略，顾客感受不到折扣率之类具有吸引力的优惠。该酒店在平台展示的套餐产品少，价格高，缺乏吸引力。过高的价格违背了消费者试图通过第三方网站预订支付实现较低价的心理期待。没有展示更多特色化的、不同于其他酒店的产品，如该酒店中餐厅特有的独立平价餐厅——桃源小馆。因此，应适当调整产品组合结构，进而把总价调整到大众普遍能够接受的水平，既能满足不同层次消费者的需求，又为企业带来更多的利润。

四、浙江世贸君澜大饭店的网络营销策略

（一）创新营销方式策略

当前，浙江世贸君澜大饭店依然使用传统的办理入住方式，需要支付押金，入住客户多的时候还需等候。因此，需利用网络技术挖掘与创新营销方式。目前，AI（Artificial Intelligence，AI）酒店即人工智能酒店逐渐出现，如位于杭州梦想小镇的睿沃科技有限公司旗下的睿沃艺术酒店，利用人工智能技术通过刷脸让顾客很快完成入住，避免了复杂的人工程序，自助实现从下单预订、登记入住到退房的一系列过程。因此，浙江世贸君澜大饭店可在酒店大堂、客房等位置配置齐全的人工智能软硬件，客户可以通过微信公众号预订房间。在预订过程中，通过酒店数字化室内地图、VR 技术，顾客可以了解酒店的室内外分布，实现在线选房。采取自助入住可以降低服务人员的标准配置，如目前该酒店的前台需要 5 名工作人员，若配备人工智能设备，则只需 2 名；再如顾客进入客房不用刷卡，直接扫脸就可以完成操作；还如每个客房可以配置一台人工智能设备，实现私人管家式服务。另外，可在酒店的人工智能微信公众号平台搭建信用体系，无须支付押金，在顾客退房时，只需在 APP 上一键退房便可以拎包走人。这样的酒店一定会给顾客带来新鲜

感和舒适感。

（二）设计功能模块策略

为提高该酒店的网络营销效果，其网站的功能模块设计势在必行，主要从以下几个方面展开。

1. 酒店服务介绍

酒店将服务与产品以视频形式展现，满足顾客的审美需求，吸引顾客的注意力。

2. 在线预订服务

安装专业的在线预订系统使预订方便简洁，预订范围从客房扩至餐饮、会议等方面。

3. 在线咨询与交流服务

实现顾客在线咨询，满足客人的需要。

4. 宾客留言

鼓励宾客在酒店留下自己的消费体验，尤其是网站或微博等平台上展示积极的消费体验，能影响潜在的顾客。

5. 顾客投诉

顾客的投诉或者建议对于酒店未来的发展有积极作用，这是提升顾客忠诚度的有效途径之一。

（三）促进社会化媒体营销策略

为了促进营销，该酒店应加强微信、微博等社会化媒体的建设，丰富内容并安排专人负责更新，及时向顾客推送入住须知、周边信息、优惠券使用等信息，提升顾客体验价值，还可开启投诉建议服务。另外，会员服务也值得重视。通过会员积分制给予会员一定的折扣优惠，并引导入住的用户成为微信会员。因此，该酒店不但要让顾客感受到真诚的服务和谦虚的态度，间接提升酒店的品质，而且对酒店未来的发展具有借鉴意义。

（四）满足顾客需求策略

该酒店官网和第三方网站都会留下消费者的信息，酒店根据这些信息可以了解消费者的需求和爱好。通过分析整合，开发个性化和特色化服务，促使酒店服务质量的不断提升。随着积累的消费者信息越来越多，酒店可采取针对性服务，设计并生产定制化服务，以面对不同的顾客需求。如，通过网络平台实现与顾客的即时交流，能迅速了解并采取措施予以满足；在保证酒店利益的前提下，在网络平台上将酒店产品采取团购、折扣等方式进行营销，满足消费者求低价的心理诉求。

（五）提升高管营销理念策略

该酒店面对信息时代的不断变化，调整酒店业务结构和提出酒店网络营销策略并有效实施已成为必须面对的战略选择，也是其他高星级酒店所共同面对的营销策略。虽然该酒店日常有非常多的针对普通员工的培训工作，但也应为高层管理者设置培训课程，尤其是网络营销知识模块，促使其与时俱进。让高层管理者明确不应该只注重线下利益，也要考虑和计算线上利益，直观感受网络带来的巨大效益，从而主动转变营销理念，完善经营方式，改变酒店网络营销的被动局面。

（六）扩大人才储备策略

人才对一个企业来说极其重要。该酒店要极力培养自身的网络营销人才，给予高度重视，采取高薪等激励措施留住人才，共谋发展。酒店人力资源管理部门要多渠道、多方式扩大人才储备，如到人才市场或者高校挖掘具备酒店管理知识与网络营销知识的人才等。

第三章　服务视角

基于顾客体验价值的个性化服务研究

——以杭州索菲特西湖大酒店为例

陈雨佳

近年来，随着市场经济的持续快速发展以及城乡居民收入的持续增长，居民的生活水平、消费水平有了很大提高，开始注重生活品质的提升，由此带动了旅游业的快速发展。酒店业作为旅游业中一个重要的分支已经展现出迅猛发展态势。在酒店市场走向成熟化的过程中，酒店业之间的竞争也越来越激烈，没有足够竞争力赢取更多市场份额的酒店企业很难长远发展。目前，我国高星级酒店处于硬件设施水平一流但服务欠缺的阶段，顾客已经不再满足于物质产品层面，希望得到更好的体验。从顾客角度出发，面对不同顾客给予不同的个性化服务，满足更多顾客的个性化需求，促使其个性化体验形成更高的体验价值；再由良好的顾客体验价值去吸引更多潜在的顾客，形成良性循环，促进酒店的稳定发展。

一、顾客体验价值与个性化服务的文献回顾

（一）顾客体验价值分析

1. 顾客价值理论

基于对顾客的调查，载瑟摩尔（Zaithaml）于 1988 年提出，顾客价值就是顾客感知价值 CPV（Customer Perceived Value，CPV），是顾客所能感知到的利益与其在获取产品或服务时所付出的成本进行权衡后对产品或服务效用的总体评价。随后，雷邓柏克（Reidenbach）等人于 1995 年提出最为简易的顾客价值理论，可用顾客的效用（F）和为了获得这个效用所付出的价格（C）的比表示。虽然这一理论有利于理解和应用，但由于太过于笼统，并不能很好地在实践中应用。而詹姆斯·赫斯克特、厄尔·萨塞和伦纳德·施莱辛格（James Heskett、Earl Sasser 和 Leonard Schlesinger）在 1996 年的研究结论充实了雷邓柏克对效用和成本的界定，同时，非常详尽地阐述了顾客价值对顾客满意和顾客忠诚的作用，并且提出了一系列顾客价值管理方法。赫斯克特于 1997 年提出服务利润链理论，认为员工的能力、满意度、忠诚度及劳动生产率之间存在着直接、牢固的关系。

2. 顾客体验价值

顾客体验价值是顾客根据体验到的利益和成本，对产品、服务作出的整体评价，既是对顾客价值理论的发展，其本身也在不断地补充和完善。顾客价值影响着顾客的忠诚度和满意度。在顾客价值的管理当中，服务、员工、效率等是重要影响因素。企业的员工满意度影响着员工的服务质量，从而影响服务价值，也对顾客在体验过程中感受的价值造成影响，其与顾客在接受特定产品和服务获得利益及其在该产品中产生的相应费用成相关关系。顾客在接受产品或者服务时，更多的感知来自自身需求。当顾客投入成本，感受到的价值并非直接形成满意度，投入成本越高，顾客期望值也越高，因此，酒店必须提供更好的产品和服务，才能赢得更高的顾客满意度。

（二）个性化服务分析

王斌（2002）指出酒店的个性化服务内涵包括满足顾客的个性需求和表现服务人员的个性。苏洪文（2002）把酒店中的个性化服务分为六个方面：灵活服务、癖好服务、意外服务、自选服务、心理服务、全能大师服务。刘砺、沈雪溦（2004）把个性化服务概括为针对独特个体的具有鲜明灵活性、针对性、突发性、差异性的服务，满足不同顾客合理的个别需求，提供即时、灵活、体贴入微的服务，一般不再额外收取费用。周力军（2004）提出个性化服务是靠酒店的服务人员实现，其需求事实是一种被尊重的感觉。许建（2008）提出以顾客为中心的体验经济时代，酒店个性化服务应更关注顾客的体验感受，并指出其具有不可替代性、互动性、情感性、高满足性的特征。

综上所述，个性化服务首先强调以顾客为中心，是基于顾客体验价值满足、情感需求的一种服务，而良好的个性化服务能大大提升顾客体验价值，从而获得高度的满足感以及忠诚度。其次，个性化服务注重灵活性与有的放矢。个性化服务通常出现在突发状况需要即时反应时得到体现，可在合理的范围内灵活变通。另外，个性化服务是差异性和特殊性的服务，关注的是某一个或几个个体，更关注个体感受。由于个性化服务的灵活性、差异性等特点，因此，又可以看作是一种全能性服务，针对不同的情景给予灵活的服务，而顾客越多需求越不同，要求服务人员尽可能全方位满足。相比顾客的不同，服务人员作为个性化服务的创造者，同样使个性化服务产生了不一样的效用，是一种高度依赖于服务人员的服务。

二、个性化服务交付体系

（一）个性化服务与顾客体验价值的关系

个性化服务要求酒店及服务人员站在顾客的立场去思考。酒店服务所体现的价值要真正具有意义就必须被顾客体验到，才能成为顾客评价酒店服务水平的依据。因此，顾客体验价值必然成为个性化服务的核心，也才能从顾客体验价值出发，为顾客提供更符合其心理的个性化服务。

1. 顾客体验价值在个性化服务中的重要作用

顾客在酒店消费中获得对应的体验，随之体现出其消费动机、个性、价值取向、生活观念与方式等，指导服务从业者有针对性地根据消费者的消费习惯、喜好等提供更容易被消费者接受和满足的个性化服务。

2. 顾客体验价值是个性化服务传递的重要环节

对酒店而言，按照自身规范为顾客提供服务，其价值由酒店评价得出。顾客是酒店服务的接收者，对顾客而言，只有被自身体验到的才是酒店服务的价值，才是符合心理需求和期望的。顾客接收服务并且体验酒店提供的个性化服务，感受到的是服务劳动创造的价值。从劳动价值看，酒店提供的服务劳动创造的价值经过输出，形成顾客体验价值，最后由顾客接收，输入顾客形成体验的服务劳动价值。酒店方创造的服务劳动价值只有转变为顾客在接收服务中所体验，才能形成最大的效用。而在这个转变过程中，顾客体验价值就成了酒店创造的服务劳动价值与顾客体验的服务劳动价值传递中最重要的环节。在酒店创造劳动价值的同时，只有尽可能地增加顾客体验的服务劳动价值，才能提高顾客感知的服务满意度，转化为顾客对酒店的满意度和忠诚度。

3. 顾客体验价值是个性化服务的核心

综上所述，酒店的规范化管理所产生的服务劳动价值并非就是顾客所体验到的服务劳动价值。在服务传递的过程中，经由顾客体验价值的传递，其劳动的价值量会在这期间出现损失。个性化服务注重的是顾客体验到的服务劳动价值，其关注点应该放在顾客得到的价值量上，从这个角度来说，个性化服务要求酒店从顾客角度出发，从顾客体验价值出发，不能仅进行规范化管理，要更多地关注服务价值传递的重要环节，即顾客体验价值。因此，顾客体验价值作为个性化服务的核心，能够在很大层面上弥补酒店服务管理方面的不足。

（二）酒店的个性化服务交付体系

1. 个性化服务交付体系的定义

张文建（2003）在《旅游服务营销》中对价值交付体系的定义进行总结，即价值交付体系是与创造并向顾客交付价值有关的一系列活动，它包含从顾客表达出自己的需求到顾客接受产品或服务并为之支付的每一过程。由于顾客体验价值是个性化服务的核心，又是个性化服务传递的重要环节，顾客感知到的服务劳动价值取决顾客体验价值，此时需要酒店针对顾客喜好的同时，充分利用酒店独有的资源和特色，使顾客在接受个性化服务时感知劳动价值最大化，这是个性化服务交付体系的重中之重。

2. 个性化服务设计

个性化服务最终的目的是酒店给顾客提供非标准化的体验。在享受高星级酒店设施的同时又得到更高的特殊利益价值，提高顾客感知的服务劳动价值。因此，个性化服务设计要求酒店深入了解顾客评价价值的侧重点，对顾客群体进行详细划分，认真研究某一类顾客群的需求，并在考虑酒店执行成本和可能性的同时作出最合适的个性化服务设计，有针对性地满足顾客。

3. 个性化服务实施

酒店在个性化服务实施的过程中需加强培训，完善个性化服务理念。酒店管理层应充分了解酒店的资源状况与顾客细分。酒店服务人员是酒店服务产品的制造生产者，也是服务的传递者，是顾客体验价值成功输入形成服务劳动价值感知的关键人员。而在实际的对客服务中，一般有经验的服务人员往往能结合顾客的喜好与酒店的现有资源特点，准确地进行个性化服务。前台服务人员是最直接的参与者，也是顾客喜好的最先感知者。在服务过程中，虽然与客人接触的时间很短，但是素质较高的前台服务人员能在这短短的接触瞬间，掌握顾客的性格、脾气、好恶等，根据判断设计针对该顾客的个性化服务。然而，前台服务人员通常没有相应的调动酒店资源的权限。因此，可对直接参与顾客服务的前台服务人员适当放权，给予其合理利用酒店资源的权限，更好地为顾客进行个性化服务。

4. 服务修复体系

酒店服务过程是一个复杂的过程，受服务人员素质参差不齐、性格差异化、情绪化以及不可控不可预知等客观因素的影响，服务的缺陷或失败不可能完全避免。所谓的酒店服务修复，就是对已经产生差错、缺陷或失败的服务进行弥补，采取一些对应的弥补措施和行动。有缺陷的服务给客人造成的损失值对每位顾客来说不尽相同，有的注重经济价值，有的可能仅在乎心理价值。因此，酒店需要谨慎对待，对于不同期望值的顾客所采取的服务修复行动也不相同，这同样也是个性化服务的交付过程。在采取服务修复措施后，其效果与修复处理的速度密切相关。一般而言，越早发现问题，越早、越快进行服务修复，给客人造成的价值损失越少；反之，当问题发生并超过一定的范围或时间后，可能会无法进行补救。总之，在发现的第一时间给予补救往往能最大程度弥补服务缺陷。如果在客人投诉产生后再进行服务修复，将造成更大的损失。尽管酒店的前台服务人员往往能最早发现服务缺陷，然而实际上，只有少部分经验丰富者能够及时、快速地作出服务修复。因此，酒店方在日常管理中应多让服务人员参与服务修复。

三、杭州索菲特西湖大酒店运营分析

（一）酒店介绍

杭州索菲特西湖大酒店隶属于世界知名酒店品牌雅高集团，位于浙江省杭州市，坐落于美丽的西子湖畔，地处繁华都市的中心地带，是一所法式风情与西子湖柔情相契合的高端酒店。该酒店共有 6 层 233 间客房，配套设施齐全，拥有恒温水池，香榭丽西餐厅、涌金阁中餐厅、埃菲尔酒吧、会所酒廊、商务中心等，并有能望见西湖全景的空中花园（Sky Garden）。酒店于 2003 年开业，并于 2014 年年底完成客房的整体改造。

（二）顾客来源分析

酒店业属于季节性很强的行业，受天气变化等因素影响，一年内数据波动较大。根据杭州索菲特西湖大酒店 2016 年预订情况数据表统计分析，该酒店的顾客来源大致可以分为雅高官网会员、OTA 平台预订（国内以携程网、艺龙网为主，国外以 Booking 网为主）、旅行社预订、团队预订、酒店预订部预订以及前台散客入住，具体如表 1 所示。根据数据分析，OTA 平台势头迅猛，其比例基本维持在 30% 左右，是主要的预订渠道；排名第二的团队预订平均数值为 15.91%；雅高会员和酒店预订部订房不相上下，数据相对稳定，维持在 12%；通过旅行社预订的数量上下波动较大，从 9.37% 到 15.14% 不等；排名靠后的是散客入住，平均占比仅为 9.60%。

表 1　索菲特 2016 年预订数据表

月份		一月	二月	三月	四月	五月	六月	七月	八月	九月	十月	十一月	十二月	平均
雅高官网	房数 / 间	452	396	488	584	598	612	501	445	528	633	507		522.2
	占比 /%	12.19	10.67	12.28	13.89	11.90	13.11	11.65	12.99	10.64	11.67	10.25		11.93
OTA 平台	房数 / 间	1098	941	1132	1298	1507	1395	1299	1050	1325	1687	1337		1279
	占比 /%	29.62	25.34	28.49	30.87	29.99	29.88	30.20	30.64	26.70	31.10	27.04		29.08
旅行社	房数 / 间	528	562	429	394	478	519	438	370	499	528	496		476.5
	占比 /%	14.24	15.14	10.80	9.37	9.51	11.12	10.18	10.80	10.06	9.73	10.03		11
公司客	房数 / 间	316	356	363	476	529	548	486	269	496	485	644		451.6
	占比 /%	8.52	9.58	9.13	11.32	10.53	11.74	11.3	7.84	10.00	8.94	13.02		10.18
团队	房数 / 间	490	484	568	599	854	636	731	502	1053	957	946		710.9
	占比 /%	13.22	13.04	14.29	14.24	17.00	13.62	17.00	14.65	21.22	17.64	19.13		15.91
预订部	房数 / 间	437	493	557	475	570	522	407	459	664	779	583		540.5
	占比 /%	11.79	13.28	14.02	11.30	11.34	11.18	9.46	13.39	13.38	14.36	11.79		12.3

续表

月份		一月	二月	三月	四月	五月	六月	七月	八月	九月	十月	十一月	十二月	平均
散客入住	房数 / 间	386	481	437	379	489	436	439	332	397	356	432		414.9
	占比 /%	10.41	12.95	11.00	9.01	9.73	9.34	10.21	9.69	8.00	6.56	8.74		9.604
合计	房数 / 间	3707	3713	3974	4205	5025	4668	4301	3427	4962	5425	4945		4396
	占比 /%	100	100	100	100	100	100	100	100	100	100	100		100

在对杭州索菲特西湖大酒店的客源分析中可以看出，顾客出游目的可以分为商务、家庭、夫妻、朋友、单人等情况。在 9 月、10 月等旅游旺季，顾客出游多以家庭、夫妻居多，出游多为精神娱乐，因此，可向顾客推荐更舒适的套房或联通房；若带有婴儿，则可推荐加婴儿床并送上简单的索菲特定制玩具熊。在淡季的 11 月、12 月，以商务客人为目标推荐配有办公用品、安静的禁烟楼层客房。诸如此类的个性化服务设计，在结合索菲特文化的同时，让顾客得到不一样的体验价值，提升顾客的满意度。

（三）酒店顾客服务分析

索菲特作为雅高集团旗下的高端奢华品牌，秉承了雅高集团的价值观，以及为全球各地的旅行者群体营造非凡体验的使命，也形成了自身的品牌价值。以追求卓越——生活是精致的、快乐的；精髓——生活是有感觉的、开放的；精神——生活是有联系的价值观，达到索菲特与其形象大使们在各个城市通过法式优雅连接整个世界，以丰富的感情，精致的服务和追求卓越的精神为顾客和商业伙伴提供贴心的定制化服务的美好愿景。同时，为了提高顾客的忠诚度，雅高集团推出雅高客户忠诚计划（又名乐雅会）。

1. 法式生活艺术：品牌标识

杭州索菲特西湖大酒店充斥着浓郁的法式气息与品牌档次，这些品牌标志实行于全球每一家索菲特酒店。每一位顾客都能感受到身着定制制服的索菲特大使奉上的“法式问候”；根据地域、时节的不同，索菲特赠与专属的当地欢迎饮品；慵懒休闲早餐、乐享下午茶、别致的餐前酒还有美味法式美食；每一处的“索菲特植物”同样各具特色；在索菲特歌曲《遐想》中欣赏蜡烛礼仪；配上独特的香氛，纵情享受其特色沐浴服务；最后在 My Bed 寝具的独特体验下入眠。

2. 雅高客户忠诚计划

雅高为忠诚顾客制订了客户忠诚计划，并将其命名为乐雅会（Le Club）。这是一项全球客户忠诚计划，旨在奖励客户并提高客户的忠诚度。乐雅会是一种采取积分制且免费办理的会员卡，根据积分的不同分为经典卡（Classical）、银卡（Silver）、金卡（Gold）、白金卡（Platinum）。乐雅会以贴心、慷慨、简单为宗旨——贴心为顾客考虑，慷慨的会员礼遇，简单的入会手续，吸引更多的非会员顾客加入，这也是给予常住顾客的一种回馈，而更高级别的会员类型能享有更尊贵的会员礼遇，同样也需要付出更多的货币价值。从雅高集团统计数据看，目前，乐雅会已超过 2100 万名会员，并且这一数字还在不断增加；会员的入住时间相比非会员往往高出 2 倍甚至更多。

3. 杭州索菲特西湖大酒店的定制化服务

杭州索菲特西湖大酒店通过独特的定制化服务，精心打造美妙绝伦的瞬间，其服务意识由心而发——真实、慷慨、关怀，致力于向每一位莅临的贵宾热情分享其殷勤和生活乐趣。通过对细节的关注与追求，为每位顾客创造情感、惊喜与愉悦。

（1）定制惊喜（Guest Of The Day）。定制惊喜是杭州索菲特西湖大酒店定制化服务的一项重要体现，又称 Guest Of The Day。在每日的所有预抵顾客中，酒店会有针对性地挑选出一位“今日宾客之星”——多以 OTA 预订平台为主。在该顾客抵达前，酒店宾客服务经理致电询问客人的抵店时间、需求、喜好等，在房态准许前提下为顾客安排更好更适合的房型，提前准备好房间及入住登记单、房卡等，并做好 VIP 等级的房间布置，安排好水果点心。待顾客抵达，由宾客关系主任引领至 VIP 接待处办理入住手续，第一时间递上准备好的温热毛巾供顾客擦拭，再送上极具酒店特色的欢迎饮品。最后，引导顾客进入房间并向其介绍酒店的服务及周边景点。宾客关系主任在离开客人的房间时，还会给客人递上名片，为顾客提供在店期间的贴身管家服务。在入住当晚，宾客关系主任再次致电“今日宾客之星”，送上酒店的问候，询问入住体验，及时为其处理困惑或需求。退房时，宾客关系主任欢送顾客离开酒店。若顾客对该次入住的体验较为满意，则邀请其留下电子邮箱，期待顾客对酒店满意度调查的回复，促使今后更好地做好定制惊喜服务。

从顾客来源分析中可以看出，OTA 平台顾客占据了很高的比例。顾客在 OTA 平台的选择通常根据以往顾客发表在平台上的顾客体验作出判断，因此，提高此类顾客的体验价值，从侧面增强酒店对潜在顾客的吸引力。杭州索菲特西湖大酒店在实施定制惊喜顾客服务时，除了标准化的入住、退房外，更多地从顾客本身出发，如到店前对喜好的询问、对客服务时的观察、入住酒店时的问候以及退房后的小调查，以顾客为中心的思想贯穿在整个定制惊喜服务中，高度满足了顾客的情感性体验。因此，定制惊喜更关注人性关怀，让顾客留下与众不同的价值体验。但这种仅仅针对定制惊喜顾客的服务是具有差异性、特殊性和全能型的。对于顾客住店期间出现的小问题或需求，酒店服务人员需要观察接收信息，更需要即时作出灵活性应对，因此，体现了对服务人员的依赖性。

（2）个性化服务案例及分析。

【案例一】

一个鞋盒

10 月 7 日晚上外面下着大雨，礼宾部由 TIM 当值。20 点左右，一位女士匆忙过来表示要寄快递，并解释因在西湖银泰买的一双鞋不合脚，更换时忘带鞋盒，又要赶时间坐火车，因此，只能寄过去。了解情况后，TIM 表示快递公司已下班，第二天寄出会耽误时间，主动表示帮忙送到银泰。该女士非常惊讶，连忙表示感谢，并掏出 50 元表示谢意。TIM 婉言拒绝，并立刻安排。该女士非常激动，对酒店礼宾部的服务非常满意。在随后的几日中，该客人在宾客满意度调查中表扬 TIM 和酒店，表示今后到杭州只住这里。

【案例分析】

本案例中，作为礼宾部的服务人员，TIM 在服务过程中除了满足顾客的需求，还从顾客的角度出发，考虑到时间成本，作出更适合顾客的解决方案。虽然这不是 TIM 的工作职责，但依然迅速做出判断，灵活地为顾客提供个性化服务。而顾客在付出的成本中并未做出类似的期望，TIM 给出的个性化服务超出其预期，使其感受到极高的顾客体验价值。最终，使酒店赢得了顾客强烈的满意度和忠诚度。

【案例二】

博客写手与小公主 Emmie 的难忘之旅

GRO Vivi 在获知博客写手 Yvette 和她的小公主 Emmie 即将入住酒店后，与她所在的 GRO 团队积极策划定制化服务，特别给 Emmie 精心编排了一波又一波的惊喜。她们为 Emmie 绘制了卡通画，为能给 Emmie 在房间和旅途中找到一个玩伴，又准备了布玩偶大甲虫和小企鹅毛绒玩具。Yvette 女士在入住后备受感动，立刻将 Emmie 开心地抱着玩偶的照片推送到她有 5 万多粉丝的个人社交网站 instragram 上。除此之外，GRO Vivi 和她的同事们处处为 Emmie 着想，陪伴 Emmie 在行政酒廊玩乐，安排 Yvette 女士尽情享受 SPA，还获得 Emmie 的邀请到其房间玩游戏。在退房的前一晚上，考虑到客人离店后长时间的旅途劳顿，购买了填色画册作为礼物送给 Emmie，让其回家的旅途更难忘。Yvette 在离开时恋恋不舍，Emmie 更是非常难过。截至 Yvette 女士和 Emmie 离店时，她们在杭州索菲特西湖大酒店的美妙经历已经获得了粉丝们 1000 多个点赞。

【案例分析】

本案例中，Yvette 和她的小公主 Emmie 是典型的亲子出游，而让孩子得到快乐的体验更容易给顾客创造难忘的体验价值。GRO Vivi 与其 GRO 团队从顾客入住前定制的卡通画，到顾客入住期间送上孩子喜欢的玩偶、陪伴孩子玩乐以及离店后赠送的填色画册，每一个细节都充分考虑了客人的需求，迎合了顾客的喜好。这些服务在其他客人身上不曾体现，超越了顾客的期望，体现了服务的体贴用心，大大增强了顾客感知的服务效用。由于 Yvette 博客写手的身份，虽然在该个性化服务中酒店增加了营运成本，但其创造的价值已大大超出了经济价值本身。在赢得 Yvette 的高满意度后转换成顾客体验价值，从而影响更多的潜在客户。在这个服务过程中，GRO Vivi 和她所在的 GRO 团队是服务的传递者，更是个性化服务的制造者。

从上述案例分析中，杭州索菲特西湖大酒店的定制化服务完全是一种创造情感的服务，高度依赖服务人员。当顾客感知到的服务产品效用超过其提供的成本所发生的期望，会极大提高顾客的体验价值，从而影响顾客的满意度和忠诚度。同时，还可以看出：定制化服务是传递杭州索菲特西湖大酒店独具特色的由心而发的服务，为顾客提供不一样的个性化体验；定制化服务更关注真实性，想客人所想，多询问、倾听客人的意见，提供给客人真正需要的服务；定制化服务要求索菲特西湖大酒店更慷慨，从不错失任何一个创造独特服务的机会。在了解到顾客需求时，于第一时间送上对应的定制化服务。因此，在创造定制化服务的过程中要读懂客人，关怀客人，用心服务；创造情感，学会分享，激励他人参与到定制化服务的队伍中。

（四）员工管理分析：索菲特文化

赫斯克特在其服务利润链理论中提出，提高员工的能力、满意度、忠诚度及劳动生产率之间存在着直接的、牢固的关系，也就是说员工对顾客体验价值有着显著的影响。因此，为提升个性化服务，需要从员工管理方面着手。国际酒店品牌较之国内酒店品牌更注重企业文化建设，索菲特也不例外。杭州索菲特西湖大酒店强调以人为本的管理理念，模糊了上下级观念，要求酒店管理者致力于营造一种平等的工作氛围。授予每一位加入的成员“大使”称号，设立索菲特大使服务日，让每位大使都感觉到尊严。大使服务日当天，酒店所有高层包括总经理在内穿上红色的围裙，在大使食堂为前台等服务人员打饭、盛汤、分发水果饮料。每月评选月度索菲特大使，年底评选年度索菲特大使，颁发荣誉证书并给予现金奖励，激励员工以成为索菲特大使为荣，增强员工的归属感。

作为国际品牌高星级酒店，该酒店吸引了一批批大学实习生，为团队注入年轻的元素。而酒店除了实习生的常规福利外，也设置了优秀实习生奖励制度。该酒店设立的管培生制度给处于基层、接触顾客最多、没有工作经验的实习生们提供了晋升机会，促进其工作效率和积极性的提高，也从另一个角度促进了服务质量的提升；鼓励大使积极参与定制化惊喜，让每个人都成为“定制惊喜之星”；大使每成功完成一个定制惊喜，都会获得相应的奖励；设立 Merci Card 制度，为作出特别贡献的大使颁发感谢卡（类似于积分制度，累计一定数量的感谢卡可以兑换相应的实物价值），感谢大使对顾客体验的付出。

（五）雅高的顾客满意度调查——宾客之声（Voice of Guest）

顾客满意度调查是雅高集团推出，由集团旗下酒店共同进行的一个项目，目的在于既了解顾客真实感受，又能将其作为一个标准对酒店各方面进行评估。雅高集团将之命名为“宾客之声”（Voice of Guest），有倾听顾客声音的含义。其对顾客满意的调查存在于顾客入住期间乃至退房后的整个过程中，能更真实地反映顾客的入住体验。顾客满意度调查采取匿名制，方便顾客卸下心理负担，将最真实的感受反馈给酒店。

在顾客入住杭州索菲特西湖大酒店的当晚，会筛选部分顾客做电话访问。通常由大堂副理或 GRO 执行，主要针对顾客入住的感受与需求，让顾客感受到酒店额外的关怀，对提升顾客体验价值有很大帮助。在顾客即将离店办理退房手续时，在酒店的体验已经接近尾声，由前台服务人员对顾客进行口头调查，邀请顾客留下电子邮箱参与酒店的顾客满意度调查，并向顾客致以问候。在简单了解顾客的意见后，前台服务人员会根据工作经验快速判断该顾客对入住体验的满意程度。此时，有经验的前台人员能及时发现顾客在入住时体验到的缺陷服务，会在客人尚未离店时及时作出服务修复，力求给顾客留下良好的印象。

在顾客离店后的一到两个工作日，该酒店的GRO会将满意度调查发送至离店顾客的电子邮箱。根据顾客的反馈，进行分析总结，细分顾客的类别，归纳顾客的喜好，总结服务缺陷和不足，为做好定制惊喜等宾客服务设计提供思路，不断对个性化服务设计、实施的过程进行改进。可见，顾客满意度调查基于顾客体验的基础上，了解顾客的需求，从提高顾客体验价值的角度创造更符合其心理需求的服务，更好地提高顾客的满意度以及忠诚度。

（六）酒店运营存在的问题

在对杭州索菲特西湖大酒店顾客、品牌和定制化服务的分析中不难发现，顾客是个性化服务的中心，服务人员是个性化服务实施的关键。从该酒店的定制化服务案例中可以看出，对顾客的分析、喜好、心理等把握较为准确，能很好地完成一些定制化服务。但在酒店运营中，以下问题仍然直接或间接地影响着定制化服务的开展。

1. 管理方式落后，协作不力

该酒店采用普通质量管理，各职能部门之间管理相对独立。然而，酒店是由所有部门汇聚成的一个整体，个性化服务也是一个整体性的服务，需要各个部门的协作。普通质量管理已不适应当前形势，需要调整或革新，让酒店发展得更好。

2. 内部缺乏沟通，矛盾多发

该酒店各个部门之间的信息交流存在问题，缺乏沟通，导致工作中矛盾频发。因此，在个性化服务过程中，服务人员受情绪影响并不能全身心投入。如果酒店做不到自身的和谐，必定不能很好地完成个性化服务。

3. 员工流动性较大

该酒店薪资结构不太合理，导致员工的满意度较差，离职率居高不下。酒店属于高流动性行业，实习生偏多，在高离职率下，酒店需要花费更多的时间和精力去发展新的雇佣关系，培训新的合格员工。

4. 定制化服务意识不够强烈

并不是所有员工都有强烈的定制化服务意识。该酒店一些经验不足的前台服务人员在进行服务时不能第一时间把握机会，错失了定制惊喜的好时机，也不能第一时间发现服务缺陷并及时修复，有时甚至造成一些不必要的投诉。

5. 奖励机制变现困难

在定制惊喜以及其他的一些工作中，该酒店已经建立了非常多的奖励机制，易于激发员工的参与积极性。但由于操作程序不流畅，使奖励变成实物的过程过于困难。如在员工集满相应数量的感谢卡要求变现时，从部门经理到总经理，各部门之间审核困难，交流更加困难，从提交申请到领到奖励需要花费一个月甚至更长的时间。

6. 顾客对会员的认知度不高

尽管该酒店会员的邀请数量一直很可观，但绝大多数的顾客对会员的认知度不高，不清楚会员的相应礼遇。对已经成为会员的顾客来说，如果没有真正落实礼遇，容易让顾客产生消极感知，并流失一部分忠诚顾客。由于如今会员制度盛行，很多顾客已经对其产生了抵触心理。

四、杭州索菲特西湖大酒店个性化服务的提升管理

对酒店高层管理者而言，利用顾客体验价值提高并做好个性化服务，就必须明确以顾客为中心的基本理念，形成一套完整的个性化服务交付系统，并督促管理使其良好运行。在这方面，我国的酒店管理者较国外有很大差距。因此，杭州索菲特西湖大酒店在做好个性化服务的同时使之成为一个完整的交付体系，可从服务过程、员工以及顾客三个方面进行管理。

（一）服务过程管理——全面质量管理

美国通用电气公司质量经理菲根堡姆最早提出全面质量管理概念，在最经济的水平上充分考虑并满足顾客需求，并让质量、维持质量和提高质量形成一套有效体系。20 世纪 90 年代末至今，现代经济下的全面质量管理可以概

括为以顾客为导向、全员参与、持续改进。普通质量管理和全面质量管理之间的区别如表2所示。

表2　普通质量管理和全面质量管理的区别

要素	普通质量管理	全面质量管理
对象	提供产品（或服务）	提供产品（或服务）及相关的事物
相关者	外部顾客	外部顾客和内部顾客
包含过程	与产品（或服务）直接相关的过程	所有过程
涉及人员	组织内部人员	组织内所有人员
相关工作	组织部分职能或部门	组织内所有职能或部门
培训	质量部门	组织内全部部门

杭州索菲特西湖大酒店原先采用落后的普通质量管理方法，各个职能部门之间存在较多矛盾，缺乏良性的合作互利关系。之后，将全面质量管理应用到日常管理中，对各个部门实行个性化服务（如定制惊喜）的过程进行督促。首先从源头抓起，因为与顾客接触最为密切的前台服务人员是关键。其次，加强部门间的信息交流，使之畅通。再次，加强各部门间的交接规范，减小价值传递的损失。一个好的个性化服务不仅仅是前台服务人员的事情，也离不开后台服务人员的协助。后台人员创造价值，通过前台服务人员传递给顾客，这是一个完整的传递链。后台服务部门将服务传递到前台的过程中应尽可能避免发生价值损失，而当后台提供的服务价值出现瑕疵时，前台服务人员应快速反应实施补救措施，使顾客得到高水平的体验价值。最后，为促进部门间的交流协作，多组织一些沟通协调会，指出双方交流期间容易出现的问题，共同采取对策。

（二）员工管理

做好人性化服务首先需要有经验的前台服务员工对顾客的喜好、需求进行判断，然后快速设计并实施。然而，在现实中酒店员工的流动率非常大，加上实习生众多，酒店缺乏有经验的老员工，无法对顾客的行为意向作出快速准确的判断。因此，杭州索菲特西湖大酒店应在员工的人力资源管理上作出一些改变。首先，在招聘时严格把关。在选拔员工时对空缺的岗位进行合理细分，也包括实习生。其次，改革薪酬体系，建立良好薪酬机制以激励员工的工作积极性。薪酬能反映出酒店对员工的认可度与员工对酒店的满意度。员工是个性化服务的设计创造者，员工对酒店的满意会转化为参与设计个性化服务的动力。最后，优化员工激励机制，优化福利审核程序，让员工切实感受到酒店的福利。

（三）顾客管理

实际上，除了部分忠诚客户外，有很大一部分顾客留完邮箱就会遗忘。因此，要加强顾客管理。对于不同顾客的反应，杭州索菲特西湖大酒店的前台服务人员应加强引导，让顾客了解会员所享受的礼遇。如可采取体验的方式有针对性地为顾客设计个性化服务，让其自觉入会，提高对酒店的忠诚度。而对于已加入会的顾客，巩固其忠诚心理十分重要。从会员顾客的心理感受出发，从顾客体验价值的角度对会员实施个性化服务，使会员顾客付出比别人少，获得的服务劳动价值又比别人多，相比普通顾客，其感知到的劳动价值更高。

酒店顾客的非理性消费行为研究

陈 向

酒店顾客的非理性消费行为由来已久，近年来越来越突出，网络舆论时有报道，但酒店管理相关部门却不够重视。在发展低碳经济、倡导低碳生活、构建和谐社会的大时代背景下，高档酒店在建设绿色饭店的同时，还应关注并深入调查传统高端顾客群体中顾客非理性消费行为的表现、成因及危害，探究引导非理性消费行为回归的策略措施，抓住酒店转型发展的战略机遇，切实实现“和谐、亲民、大众”的再定位。

一、非理性消费行为的概念界定

（一）非理性消费行为定义

非理性消费行为是指社会个体以个人的欲望和情感为标准满足自己消费需求的心理和行为方式，其消费主体不以自身的生理与精神需要为消费行为产生的前提，而是在各种因素影响下作出的不合理消费决策，即通俗意义上的不合理消费。一般表现为消费者不按追求效用最大化进行消费，或是消费时没有考虑收入的约束，或不按边际效用递减规律进行消费，或是对消费品的判断认识不足等。借用西方经济学的理论假设，本文认为，一名酒店消费者的理性消费行为应该是付出尽可能少的时间成本、精力成本和金钱成本获取尽可能大的消费效用。但是，现实生活中一些高档酒店的部分顾客群体却常有各种非理性消费行为。

（二）主要表现

1. 浪费型消费

曾有一篇报道引起行业争议：某星级酒店洗碗工为给孩子补充营养，私自留下剩菜而遭到开除。从中可以看出高档星级酒店浪费现象比较严重。而到高档酒店消费的顾客往往没有打包的习惯，每天会剩下非常多的菜品，酒店最后将这些剩菜当垃圾处理掉。笔者曾采访过多家酒店的餐饮总监，他们直言，为了提升酒店的服务质量和保护品牌形象，酒店的剩菜会统一处理，员工带走剩菜这一行为是不允许的。笔者调查过地处江西南昌东湖区的餐饮一条街，该街道虽较狭窄，却密布了数十家大小餐馆。在晚餐时段走访时发现，虽然已有一些餐馆推出了小份菜以提倡“光盘行动”，但仍有不少餐馆浪费现象严重，这既与消费习惯有关，也与人们的传统观念有关。

2. 过度型消费

过度型消费是酒店就餐时的一种非理性消费行为，如有些顾客在酒店用餐完毕后继续聊天，对于提醒无动于衷，导致酒店当值人员迟迟不能按时下班，这对酒店的资源是极大的浪费。再如顾客入住酒店客房时，由于客房是插卡取电，有的顾客随意取了张卡插进卡槽，随后打开所有电器。客人外出时也没有及时取卡。像这种造成酒店资源大量损耗的事情时有发生，有些是客观遗忘，有些是主观故意，究其根源主要是一些顾客环境意识不强、素质不高，这不仅造成酒店资源的浪费，更是对社会能源的浪费，也不符合国家提倡的绿色低碳理念。而酒店人员对于这种事情能做的非常有限。顾客入住交了房费，不可能限制客人使用电器，也不可能在酒店房间里安装监控，更不可能限时段供电而影响客人的正常用电，只能在显眼的地方张贴温馨提示，以提醒顾客节约用电。据不完全统计，每年酒店行业能源消耗占全国能源消耗总量的13%，而其中浪费的能源占30%。如果酒店能减少这些浪费，就可以有更多的能源用于其他的民生事业上。

3. 破坏型消费

有的顾客在入住酒店后有着各种破坏性消费行为，如有的顾客在客房内用毛巾擦脚，而本来用来擦洗身体的毛巾被用做厕所马桶的坐垫；有的顾客随意使用房间内电器，不按操作规程使用，导致电器损耗甚至是损毁。如顾客入住酒店时因不喜欢房间号或对房间设施设备不满意等要求更换时，若因房源紧张而没有及时更换，有些脾气不好的顾客甚至会有打砸房内设施设备的破坏行为。虽然这种对酒店的设施设备造成严重破坏并且态度极其恶劣的情况在当前酒店行业还不是很多，但其破坏性非常严重，带来的负面影响也非常大。

4. 违法型消费

由于一些顾客不知法、不懂法，对法律法规没有足够的敬畏而导致违法型消费，如顾客因喝酒及秉性等原因无故对酒店服务人员或其他人进行调戏、辱骂、殴打等，造成不良后果；再如顾客在客房和 KTV 包厢进行卖淫赌博甚至吸毒等严重影响社会治安的违法违纪行为。一些酒店对于这类情况也缺乏正确、合理的处置措施，让一些别有用心的顾客有了可乘之机。

二、酒店顾客非理性消费行为产生的原因分析

（一）酒店顾客因素

通过分析酒店非理性消费行为的顾客群体，发现其非理性消费行为有五种心理，即虚荣心理、寻求刺激心理、侥幸心理、强权心理与狭隘的平衡心理。

1. 虚荣心理

虚荣心理是酒店顾客在消费时存在的自尊心扭曲状态，通常是追求虚荣的性格缺陷，是一种不正常的社会情感和心理状态，这是由于其在入住酒店时期望引人注意或希望通过不正常的手段获得荣誉而引起的。其中，浪费型消费是虚荣心理的具体体现和典型代表。最具代表性的是所谓的“土豪客

人”，“只选贵的不选对的”就是其追求和消费准则。而酒店及服务人员也往往抱着“多多益善”的态度，不按实际情况，而是哪个菜贵就推荐哪个，菜品分量够了也不加以提醒。

2. 寻求刺激心理

某些顾客到酒店纯粹是为了寻求刺激。由于其本身缺乏相关的法律意识，道德素养低下，对法律没有心存敬畏，作出违反法律法规的犯罪行为。存在这类消费心理的客人往往具有一定的消费水平和经济能力，但在日常生活中的心态存在一定问题。

3. 侥幸心理

侥幸心理属于人们在处理事情时抱有的冒险及投机心理，根据自身喜好强行约束事物发展，最终达到目的，是一种极端的心理行为。如酒店出于客人隐私考虑而提供相对私密的空间。由于没有监控和服务人员在场，有些客人在酒店的包房或客房消费时不按规程操作甚至肆意破坏，造成设备的损耗甚至损坏。这类客人认为自己是消费者，花钱就是享受，东西用坏了也没关系，反正酒店没监控，服务人员也没看到。拥有这种侥幸心理的客人往往存在于中低档酒店中。

4. 强权心理

有些顾客在酒店消费时摆出一副仗势欺人的架势，这是一种病态心理。持强权心理的顾客一般处于领导岗位，由于在平时的工作中习惯发号施令，遇事则亮领导身份，对下属态度恶劣；到了酒店又表现出一贯的行为习惯，对于要求的事情酒店必须办好而不管合不合理，不然就倚势凌人、横加指责。

5. 不平衡心理

顾客在酒店消费前会有一定的期望值，在接受酒店服务后会产生实际感受。在酒店消费的过程中，如果对自己的消费感到不值，会产生不平衡心理。具有这种不平衡心理顾客的行为表现出不正常状态，如不断索取，即使不在客房也会拧开水龙头、打开所有电器，造成很大的浪费。只有其感受大于期望或两者相当时，才会消除不平衡心理。

（二）酒店管理方因素

1. 不敢管

酒店管理是在服务文化、经营哲学及服务能力等作用下实施的。我国高端酒店长期受“顾客就是上帝”“顾客永远是对的”等服务理念的影响，认为只要顾客不犯罪，不论其需求是否合理，酒店都应尽量满足。这类服务理念往往在高星级酒店的管理人员和服务人员中根深蒂固。因此，虽然顾客存在各种非理性消费行为，但不管是基层员工还是酒店管理层均不敢对顾客的行为提出意见和建议。究其原因，主要是担心让顾客感到厌烦而失去客源。

2. 不想讲

酒店方出于对营业额的考虑，对于顾客的不合理消费行为不想有所表示，认为只要营业额上去了，浪费不浪费无所谓。由于市场竞争日趋激烈，某些酒店的管理层诱导服务员让客人点贵的菜、多点菜，从而造成浪费。少数高星级酒店管理者认为高端就必须奢华，不管什么东西都要用最贵的，并且在酒店的日常经营管理中也存在铺张浪费现象。某些酒店的客人存在比较严重的非理性消费行为现象，服务人员不仅不加以制止，反而大肆宣传，目的是借此提升酒店的知名度。另外，星级酒店服务人员的基本素质有待提升，不管是语言能力还是应急事件的处理或是自身业务能力都有所欠缺，需加强对非理性消费行为危害的认识；同时，学会正确应对，避免因处理不当引起顾客的反感。

三、放任酒店顾客非理性消费行为的危害

对于各种非理性消费行为坐视不管，不论是对酒店的当前利益或长远发展，还是对顾客都会造成不良影响。

（一）对酒店造成的危害

1. 显性危害

违法犯罪型消费、过度型消费都会对酒店的设施设备造成直接破坏，直接损害酒店利益。某些过度型消费会造成酒店即期成本的增加，如客房顾客每日要求更换棉制品，单人房摆放双人份的棉制品，造成洗涤成本和清扫成本的增加。虽说这种情况在酒店里属于合理消费，但是酒店方可以规避或减少其发生概率，降低运营成本。一些过度型消费会破坏酒店的规章制度，不利于管理制度的执行，如酒店规定晚上的营业时间截止到21点，但由于顾客一直在用餐或喝酒，甚至恶意拖延，酒店当值人员往往无法多次提醒，致使不能准时下班，影响第二天的工作。这类非理性消费行为如果不加以制止，酒店的经营管理制度将会遭到严重破坏，员工也不会严格去遵守，不利于酒店的管理，进而影响服务品质。

2. 隐性危害

酒店在物质上的损害能够通过公安部门的介入得到一定的补偿，而酒店品牌及声誉上的损失是没有办法弥补的。比如，新闻媒体对某高星级酒店出现卖淫赌博情况进行报道，虽然对酒店财物上没有造成损失，但是对酒店的声誉却造成了负面影响。一些非理性消费行为对酒店整体风气的影响是很大的，导致员工对酒店设施设备缺少监督，造成设备的非正常报损，无法更好地为顾客服务。

（二）对顾客造成的危害

1. 显性危害

非理性消费行为尤其是违法型消费，如在酒店打架闹事或是在客房和KTV包厢中卖淫赌博甚至吸毒等违法行为，不仅对顾客或他人的人身财产造成直接伤害与损失，甚至会酿成刑事案件。最终，由执法部门介入处理，对自己的声誉造成影响。

2. 隐性危害

对于顾客来说，非理性消费行为不仅在物质上产生损失，在精神上也会给自己、家庭、工作单位及朋友带来不良影响，尤其是对家庭成员带来更大的负面影响，甚至会产生心理创伤，严重影响正常生活。

四、酒店顾客非理性消费行为的应对措施

基于上述情况，在加快建立绿色生产和消费的法律制度和政策导向的时代背景下，在高档酒店转型发展的现状下，酒店管理系统应对顾客的非理性消费行为进行认真研究及反省。对于酒店顾客的非理性消费行为可通过智慧酒店、和谐酒店与法制酒店建设，对顾客进行合理引导，促使其理性消费、文明消费。

（一）从顾客层次入手，引导正常消费

根据对酒店顾客非理性消费行为的成因与心理分析，可分为五种消费群体：虚荣心理的消费群体通常是“土豪”类消费者，经济条件较好但不够自信，希望通过这种消费找回自信；寻求刺激心理的消费者通常是自由职业者，经济条件不错但性格比较怪异；侥幸心理的消费群体往往综合素质偏低，多出现在中低档酒店；持强权心态的消费群体一般来自领导岗位，在平时的工作中已经习惯发号施令；持狭隘平衡心理的消费群体属于斤斤计较类的客人，多出现在女性顾客中。因此，提升顾客的综合素质迫在眉睫，需政府部门完善相关的政策及法律法规，加大教育投入，加强国民综合素质培养。对于酒店顾客非理性消费行为中的破坏型、违法型消费要严肃处理，以起到警示效果；对于酒店非理性消费行为中的浪费型、过度型消费，通过媒体、社会舆论、网络舆论等手段加强正面宣传，并加以合理引导，引导正常消费，减少非理性消费行为的发生。

（二）加强智慧酒店建设，杜绝浪费型消费

酒店顾客非理性消费行为中存在的浪费型消费，主要有以下三种情况：酒店本身菜量过多；顾客菜点得过多；客人醉酒后造成浪费。

党的十九大提出倡导简约适度的生活方式，还提出绿色发展还需要消费革命。酒店方应加强培训，从根本上扭转酒店管理层及员工的观念，并付诸行动。在顾客点菜时了解其喜好、酒席人数及人员构成，根据实际情况介绍菜品。对于酒店已有的菜品，通过对顾客回访及员工调查等方式了解并加以改进。在酒店包厢醒目处张贴温馨提示，提醒顾客适度饮酒。对于醉酒的顾客，包厢服务员要及时反馈情况，酒店方给予适当帮助，如送上醒酒汤、醒酒药等。为进一步提倡节约，酒店可设置宣传栏，张贴图文，加强宣传。另外，可采取一些激励措施，如对常客且没有浪费型消费现象的可发放小礼物或以打折的方式以激励理性消费。

加强智慧酒店建设，通过节能、节电、节水等措施合理利用自然资源，以可回收物品替代一次性物品的使用，实现循环利用，降低物耗；使用新型低污低耗能设备，减少废料和污物的生成和排放，促进酒店产品的生产、消费过程与环境相容，降低整个酒店对环境的危害风险；通过引进现代化的智能控制系统，从声光电各个方面进行智能化转变，减少酒店的资源浪费。

（三）宣传资源危机意识，降低过度型消费

对于酒店顾客非理性消费中存在的过度型消费，如顾客故意拖延营业时间、在酒店内不加节制地使用资源等情况，可设置值班岗位。如果酒店顾客迟迟不走，包房服务员可适时提醒，并告知如有需要可以联系值班人员。对于经常拖延时间的顾客可以先进行沟通，如果客人执意不听则采取其他措施。对过度型消费的危害，通过网络、报刊、公益广告等方式进行宣传，告知该类现象的危害性，努力提升危机意识。为进一步减少资源的浪费，政府部门可在星级酒店中树立典型，对资源节约型企业实施一定的优惠政策，促使更

多的星级酒店加入控制过度消费的行列中。

（四）加快和谐酒店建设，减少破坏型消费

加强和谐酒店建设，营造酒店和谐氛围，提高酒店服务质量，除运用各种工具、媒介等进行宣传外，对于理性消费的常客可推出激励机制。而顾客非理性消费中存在的破坏型消费，主要是客人有意或无意对酒店内设施设备造成破坏，影响日常运营。因此，酒店方要加强设施设备的监管。在顾客消费后加强对房间的检查，如果有破坏情况发生，及时告知前台；如果情况严重，与当值主管联系，并进行调查取证；如果是客人造成的损失则要求客人赔偿，必要时请公安机关介入协助调查处理。

（五）强化法制酒店建设，制止违法型消费

酒店不仅要保护顾客的人身权益不受侵害，还要保护酒店及员工的自身权益不受侵害，因此，要加强酒店员工法律法规的培训，合理运用酒店的法治宣传栏、画廊等宣传法律知识，让员工知法、懂法、守法。对于顾客非理性消费中存在的违法型消费，主要是顾客醉酒后殴打他人、损坏酒店设施及部分不法分子利用酒店作为掩护进行黄赌毒等活动，酒店应加强与公安机关的联系，及时汇报，坚决打击违法犯罪行为，建立长期有效的联动机制，形成良好的守法氛围，以此带动酒店顾客知法、懂法、守法。在酒店的各类消费场所引导、鼓励顾客合理、合法进行消费，最终使顾客主动投身法制酒店的建设中，并带动身边的人一起维护。

情绪与忙碌程度对服务品质感知和消费金额的影响研究

沈美美

一、引言

随着改革开放和经济的快速发展，我国酒店业空前繁荣。据世界旅游组织预测，中国将于2020年成为世界最大的旅游目的地国家，我国酒店行业也将随着旅游业的蓬勃发展而拥有广阔的市场空间，存在着巨大的发展潜力和机遇。但酒店市场中竞争主体不断涌现，酒店行业的竞争日趋激烈。因此，酒店已很难从调整产品、小幅度或短期大幅度的低房价促销或增加通路等方式提升入住率和消费金额，长此以往，也难以吸引与挽留顾客。而打造酒店特色，增加酒店内涵，提升酒店服务档次，才是最终决定顾客选择的关键。

本研究整合环境心理学与消费者行为的相关文献，以M–R环境心理学模式为理论基础，选取杭州市某五星级酒店为研究主体，以前厅部和餐饮部为研究背景，研究服务人员的情绪与忙碌程度、顾客知觉感受、顾客消费金额三者之间的关系，并就研究结果探讨改进的方法和管理内涵。具体从以下三方面着手：外部环境刺激（包括服务人员的忙碌程度，服务人员的情绪，服务氛围）；顾客情绪状态（顾客正向心理）；顾客行为反应（顾客感知服务品质，顾客消费金额）。

二、相关文献和理论回顾

（一）相关文献回顾

1. 顾客感知服务品质的现状分析

1982 年，服务管理领域的北欧学派代表人物格罗鲁斯（Grönroos）首次提出顾客感知服务质量观点。他认为，顾客感知服务质量是顾客对服务期望与感知服务绩效之间的差异比较，是存在于消费者脑海中的一个主观范畴，取决于消费者在接受服务前对服务质量的期望与消费者在接受服务时实际感受到的服务质量之间的比较。只有当顾客感知的服务质量大于其对服务的期望值时，所感知的服务质量才是优质的。随着《中国旅游饭店行业规范》以及旅游部门制定和出台相应星级酒店评定标准，我国许多酒店也先后制定了关于服务操作的规范以提高服务质量。酒店管理者对管理知识的不断学习也使得服务人员的服务质量有了很大的进步，但是顾客感知的服务质量并没有得到有效的实质性提升，顾客对服务质量的期望与顾客实际感知的服务质量之间仍存在较大的差距。具体从美国营销学家帕拉休拉曼（Parasuraman）、赞瑟姆（Zeithamal）和贝利（Berry）等人提出的 5GAP 模型中可以看出，主要有四个方面的差距：差距 1——不了解顾客的期望；差距 2——没有选择和设计正确的服务标准；差距 3——没有按照标准提供服务；差距 4——实际服务与对外的承诺不相符合。

2. 影响顾客服务品质感知的因素

影响顾客感知服务品质的因素非常多。美国康奈尔大学的研究人员经过研究，提出了影响顾客购买决定的 10 大因素，分别是地理位置、品牌和声誉、公共区域和外部、人际服务、服务效率、市场营销、餐饮服务、价格、客房设计、质量标准。凌茜等人（2007）提出服务过程的服务环境不可预测性、多变性和情感表现的复杂性，使得服务性的企业无法像工业企业那样制定严格的操作程序，不能用制度去规范员工的情感表现行为。曹礼和（2008）认为在服务消费过程中，由于服务是在生产和消费中同时发生的，顾客时常与服务人员零距离的直接接触，并直接参与到服务的过程中，因此，服务人员的服务态度和服务行为等都会直接影响顾客对服务质量的满意度。美国学者皮尤（Pugh）在银行的实证研究结果表明，员工的正面情感表现既会直接正面地影响顾客感知的服务质量，又会通过顾客的知觉反应间接地影响顾客感知的服务质量。美国心理学者格兰迪（Grandey）等人使用多层次理论，探讨了服务人员情感表现的真实性与顾客评估服务人员的友好程度与顾客满意度之间的影响关系。其研究结果表明：在餐馆较为空闲时，服务人员情感表现的真实性可提升顾客感知服务人员的友好程度；在餐馆较为忙碌时，服务人员情感表现的真实性对顾客感知服务人员的友好程度影响会比较小。但是无论餐馆是否忙碌，服务人员情感表现的真实性都能够提高顾客的满意度。而酒店员工的忙碌程度会影响其服务公平性，国外学者波恩、福尔格、格兰特、施耐德和克莱曼及国内学者汪纯孝、温碧燕和韩小芸等人的研究结果都表明，服务公平性是对服务质量有着较大的正向影响因素之一。李东娟（2014）指出除了服务人员所提供的服务会影响顾客对服务质量的评价和感知以外，其他正在消费的顾客也会产生类似影响。其他顾客的着装以及言语、文明举止和交互行为等都会影响到顾客对酒店整体服务质量的评价。

3. 服务氛围与服务品质的研究关系

1988 年，施耐德等人将服务氛围定义为员工对与顾客服务和服务质量相关的，受到组织支持和奖励的各种企业实践、程序和行为的共同感知。陈瑶（2009）认为服务氛围扮演着两方面的角色：一是作为支持员工对客服务相关工作的有序高效进行，二是作为相关服务人员日常工作环境以及顾客亲自参与服务生产传递感知的有形环境中的一部分存在；还指出员工对服务氛围的感知和评估会影响到他们自身情感的反应，即工作满意程度影响相应的行为表现，包括员工对自身工作的控制感、归属感和满意度。调查证实，当员工对服务过程和服务结果甚至顾客行为的服务氛围有较强的控制感，且对服务过程中出现的问题有自主决定权时，会产生积极的行为表现，进而影响到顾客的满意度。施耐德等学者在银行服务企业的背景下，对服务氛围和服务质量之间的关联性进行反复论证，将服务氛围的相关属性与服务质量的五类属性（敏感、可信、移情、可靠和有形证据）进行组合，证实了与顾客感觉中的整体服务质量关系最为密切的是服务氛围中的雇佣程序、办公设备与条件、企业对顾客意见的重视程度。同时，也发现服务氛围是受工作便利和内部服务质量的影响，进而直接影响顾客感知的整体服务质量的中间变量。服务氛围也会影响顾客对服务质量的判断和评价。

凌茜等人（2007）就组织的服务氛围对服务品质影响提出了概念模型，并通过调查和数据分析得出如下结论：控制服务人员的三个情感性劳动行为变量后，服务人员的服务质量与组织的服务氛围依然表现出显著的相关性；正向的服务氛围使员工的工作满意度与他们的服务质量产生相关性；负向的服务氛围则让员工的工作满意度与顾客感知的服务质量不产生显著的相关性。同时，正向的服务氛围使得员工的自身心理与感知的交往公平性对其服务质量产生较小的影响；而在负向的服务氛围时则产生较大影响。

（二）相关理论回顾

1. 顾客价值理论

顾客购买的并不只是物品而是价值，是对产品或服务的一种感知，与产品和服务息息相关，其核心是利得和利失之间的权衡。顾客价值是从产品的属性、属性的效用到期望的结果，最后到顾客所期望的目标，是具有层次性的。顾客价值理论是其所能感知到的利得与在获取产品或服务中所付出的成本进行权衡后，对产品或服务效用的整体评价，是基于顾客的个人主观判断。

2. 顾客感知利得与利失

顾客感知利得也称顾客感知收益，是顾客通过消费实际感觉到的物质收益和精神收益的总和，是一个主观、事后的综合评价指标。

顾客感知利失则是指顾客在实际消费过程中感觉到的支出总和，不仅指顾客实际支付的商品价格，更是顾客在消费产品或服务的整个过程中涉及的时间、金钱、体力、精力、心理等成本的总和。

3. 情绪感染理论

1992 年，Hatfield、Cacioppo 和 Rapson 提出情绪感染理论，指出个体在交互过程中，会自动和持续地模仿和同步他人面部的表情和动作以及姿势、声音和其他行为，并偏向于捕捉他人瞬间性的情感。国内学者杜建刚（2007）在研究时发现服务人员的情绪展示触发了顾客的情绪状态，并且服务人员展示行为的真实性要比面部微笑的程度对顾客的情绪感知影响更为强烈。

三、情绪与忙碌程度对服务品质感知和消费金额的影响

（一）服务人员正向情绪对顾客知觉服务品质的影响

前厅部是酒店服务质量和形象展示的重要部门，而餐饮部是酒店与顾客产生直接服务接触时间最长的部门，因此，本研究选取杭州市某五星级酒店作为研究主体，对其前厅部与餐饮部分别进行调查与访问。以前厅部前台办理入住过程为背景，观察、记录与分析服务人员的情绪、服务人员的忙碌程度、顾客的正向心理、顾客的消费金额、顾客的消费原因五个变量。调查结果显示，若把正向心理程度简单分为满意和不满意，控制其他特殊原因变量，可以发现顾客的正向心理会随着服务人员情绪的好转而增加。当服务人员情绪较为活跃积极时，绝大多数的顾客都能拥有正向心理，并且服务人员的微笑服务越真诚，服务的表现越真实，顾客的正向感知也越发强烈。另外，提高顾客感知的服务质量可以帮助顾客挑选和区分，不仅会使服务质量拥有更大的吸引力，提高顾客购买本酒店产品和服务的重复率，建立酒店的口碑和声誉，还能提高顾客愿意支付的价格水平，从而更大限度地提高酒店的经济效益。

（二）服务人员负向情绪对顾客感知服务品质的影响

由于服务行业具有高冲突和高交互的特点，服务人员与顾客在服务过程

中高度接触，服务人员的自身情绪会对顾客产生感染。其负向情绪也会减弱顾客的正向心理，使顾客产生负面情绪，降低顾客感知的服务品质。当服务人员处于负向情绪时，面部表情会僵硬，表露出不耐烦状态，即使假装微笑也很容易让顾客察觉。负向情绪会让服务人员的服务状态偏于消极，也会使服务人员无法把握自身的服务方式和服务细节，无法准确掌握顾客的需求，在应答顾客需求时偏于拖延。而顾客在接受服务人员服务前的情绪在一定程度上也会影响对服务人员的行为和表现的判断。

（三）服务人员忙碌状态对顾客感知服务品质的影响

研究发现，服务人员处于忙碌状态对于顾客感知的服务品质具有双面影响。

首先，服务人员的忙碌状态会降低顾客感知的服务品质。在服务接触中，顾客通过服务人员的表情、举止、姿势等细节感知欢迎程度和关心程度。服务人员会因为忙碌导致服务的环节与能顾及的细节有所减少，无法与顾客进行充分的语言沟通，而各类非语言沟通更容易引起顾客的误解和不满。此外，在等待服务的顾客人数较多时，服务人员接待顾客的先后顺序会影响服务的公平性，让等待过长的顾客产生忽视感。因此，服务人员的忙碌状态会让顾客对酒店的品质产生怀疑，而嘈杂忙乱的服务氛围更容易引起顾客的焦躁情绪，尤其是在对外开放的餐饮部或餐饮部与前厅部相连的酒店。调查结果显示，忙碌的服务氛围使顾客投诉和抱怨的频率增加，虽然有较多顾客表示理解，但实际感知到的服务品质已经打了折扣。

其次，服务人员忙碌的状态或忙碌的服务氛围在一定程度上也有益于顾客知觉服务品质的提升。如顾客在选择就餐时发现餐厅客人爆满，受欢迎程度高，就会产生浓厚的兴趣。当服务人员较为忙碌时，顾客在一定程度上会更愿意理解和宽容服务的不周之处，也更容易让顾客感知服务质量。因此，在服务人员忙碌的状态下若也能给予优质的服务，会比在不忙碌状态下给予同等服务得到顾客更高的评价和认可。

（四）服务人员不忙碌状态对顾客感知服务品质的影响

研究发现，服务人员处于不忙碌状态对于顾客感知的服务品质也具有双面影响。

首先，服务人员处于不忙碌状态时能够提供更细致、周到的服务。对于相对不怎么忙碌的前厅部来说，顾客入住时，会有更多的时间和机会去询问与获取需要的信息，服务人员也能够与顾客进行更多的交流和沟通，更准确地把握顾客的需求，提供更多的服务，从而提升顾客感知的服务质量。

其次，服务人员不忙碌的状态也会在一定程度上对顾客感知服务品质产生负面影响。服务人员在不忙碌的工作环境下，容易产生倦怠和松懈，而一旦产生会导致无法立即投入到优质的服务状态中；不忙碌的工作环境也容易造成服务人员的过度服务，使顾客产生不自在的体验。对于餐饮部来说，冷清的餐厅氛围会减少顾客的就餐热情和欲望，不忙碌的状态容易使顾客对菜品的质量和口碑产生怀疑。另外，当服务人员处于不忙碌状态时，顾客在感知服务品质时会更加细致，其要求会有所提高。此时，提供与忙碌时同等的服务质量也不一定能够得到顾客同等的认可。

（五）顾客感知正向服务品质与消费金额的关系

顾客的正向心理在一定程度上会提高其消费金额，但并不能作为提升其消费金额的主要因素。在M–R理论模型中，个人的情绪状态会影响对环境的行为与反应。在消费情境中，消费者的情绪状态不仅会影响对服务的感受，也会影响后续的购买行为，因此，顾客感知的服务质量与体验到的价值是其权衡自身感知的利得与利失的结果。众多研究也发现，当消费者拥有正向心理后，一切事物都会变得比较正面，感知到的利得会大于实际利得，感知到的利失也会小于实际利失。具体而言，当顾客拥有正向心理时会给予服务人员更多的理解，在服务人员忙碌的情况下会给予更多的包容，也会愿意花更多时间在当下环境中发现和倾听更多的消费信息，进而产生消费，其评估消费体验会比在心情不佳时有更好的印象。

顾客在选择基本消费时更多地选择生理需要、住宿或餐饮，均是其计划之内的消费；而对于房间差价升级或优惠卡等，顾客更看重的是优惠与便利及自身是否有此需求；在选择菜品时，顾客更多地看重口味、性价比与口碑。若可以享受到物价相符甚至物超所值的酒店产品，或正好有此需要时，顾客会更愿意选择额外消费，但不会因正向心理状态的持续变好而产生更多消费。

（六）顾客感知负向服务品质与消费金额的关系

顾客的负向心理在一定程度上会减少其消费金额，但对于当下和基础的消费金额影响并不大，更多的是对额外及后续的消费。随着互联网的普及，越来越多的顾客在选择酒店时更关注硬件设施、地理位置、价格等因素。虽然服务品质对于顾客来说是一个附加的酒店印象，好的服务品质会增加对酒店的好感，提升口碑和重复到店率，但对当下的顾客来说，住宿是其计划中的一部分，即使在到店后感知到负向的服务品质，大部分顾客也会选择继续入住以满足自身基本需要。

对于餐饮部来说，一些五星级酒店会给予入住客人较为优惠的折扣，并在房间内放置酒店餐厅的宣传资料和菜单，使顾客更容易了解其产品特色。无论顾客是否感知到服务品质的好坏，餐厅的地理位置和捆绑销售都是酒店餐饮部不可取代的优势，大部分顾客依然会选择在此消费，因此，顾客感知的服务品质好坏与消费金额多少不成正比。但从长远看，当顾客了解酒店的服务品质后，会对酒店进行重新评估和定位。若是顾客感知到负向的服务品质，对酒店的推荐和推销等产生抵触情绪，降低消费的可能性，导致负面传播，不仅会使酒店失去一位潜在的忠诚顾客，同时也不利于酒店长期发展。

四、提高顾客服务品质感知和消费金额的管理建议

（一）保持服务人员的正向工作情绪

良好、真实的情绪表达和互动有助于提高顾客的好感和信任，可以有效降低其防备心理，是一种积极情绪的有效传递，因此，酒店要实现让顾客满意。首先做到让员工满意。只有当服务人员拥有正向情绪并将其带入积极的工作状态中，才能以真实的情绪正面感染和吸引顾客，从而提升顾客知觉的服务品质。酒店要创建以人为本的人性化管理理念，建立浓厚的企业文化氛围，加强内部营销，将员工视为内部顾客对待，关心其成长，营造良好的工作氛围和情绪工作环境；可实行适当的薪酬奖励和绩效评估方式，赏罚分明，提高晋升的空间。除了有形的福利奖励外，还可提供无形的激励机制提高员工的工作热情和参与度。此外，酒店应当适当放权，给予服务人员更多的主动权和自主权，使他们可以从容、快速地处理和面对服务过程中发生的特殊情况，增强自信心。

（二）进行服务人员的负向情绪管理

负向情绪不但会导致顾客满意度的直接降低，而且持续的负向情绪也是导致情绪失控的主要因素。因此，酒店除了加强服务意识和服务技能等培训外，也应当将情绪管理加入管理模块。酒店要帮助员工提升管理情绪的能力，使其在工作的突发事件中有效调整并减少负面情绪，以积极的心态投入工作；酒店的绩效考核除了关注员工的日常工作量外，也应当考虑在服务过程中情感的付出。酒店设立酒店“阳光大使”“最佳服务奖”等既有利于酒店进行情绪管理，也能激发员工自我情绪管理的热情；同时，要建立多种情绪宣泄渠道，注重与员工的情感交流，疏导负面情绪。

（三）制造适度的忙碌情境

在忙碌的工作环境下保持有条不紊的工作状态固然重要，在不忙碌时酒店也要适当制造忙碌情境。一方面，可以避免在酒店不忙碌时，顾客对服务人员的服务状态和行为有更细致的认识和感知，减少顾客捕捉到服务人员清闲工作状态的概率；另一方面，有效避免“照顾式”服务和过度服务，避免多个服务人员同时服务一位顾客而使其产生不自在的感受。同时，制造适当的忙碌也有利于服务人员在服务顾客时更快速地投入到工作状态中，如酒店可安排服务人员将一些琐事在不忙碌时进行处理和解决，为忙碌时的工作奠定更好的基础。另外，服务环境和氛围也是顾客感知服务品质的重要因素，因此，即使是在不忙碌的情景下，也要时刻保持服务环境中的灯光、音乐、摆设等达到标准，避免让顾客感觉到冷清萧条的氛围。

（四）配合其他营销手段

服务品质固然是影响消费金额的一个因素，但酒店自身产品的品质提升以及宣传推销的方式更为重要。因此，酒店在实施让顾客建立良好的感知服务质量策略的同时，也要注重酒店自身产品的质量，缩小服务差距模型中的五个变量差距，研究并掌握顾客的消费心理，提供顾客真正需要或能吸引顾客消费的产品。可配合广告、互联网等宣传方式吸引更多消费者，提高酒店的知名度，建立酒店的口碑；要建立酒店特色，打造自身的品牌文化，提升企业文化品质，使顾客对酒店产生信任感和归属感。

第四章　管理视角

高星级酒店顾客人力资源开发的策略研究

莫真焱

一、引言

当前，经济全球化和市场经济的快速发展，使酒店行业面临更多的挑战与机遇。酒店企业管理者纷纷寻找出路，旨在不断提高酒店行业的整体发展水平，实现长远发展目标。高星级酒店人力资源从根本上是高星级顾客人力资源的竞争，因此，加强高星级酒店人力资源管理，进一步提升企业的经济效益，培养核心竞争力，成为酒店人力资源生存发展的关键。本文以高星级酒店的人力资源发展历程为切入点，结合当前开发现状，分析并总结阻碍其发展的影响因素。在对酒店顾客人力资源开发的研究中，以高星级酒店顾客为中心，将其纳入酒店人力资源管理部门和对象中，发展成为酒店人力的核心资源，实现外部人力资源内部化，并探索出开发的有效策略，帮助挖掘更多资源，提高酒店整体经济效益。

二、高星级酒店顾客人力资源的含义及发展历程

（一）高星级酒店顾客人力资源的含义

酒店顾客人力资源规划是根据顾客人力的发展战略、目标和内外部环境

变化，制定和实施相应的人力资源政策和措施的过程，预测未来组织的任务和对组织的环境要求，实现任务满足要求。高星级酒店顾客人力资源规划作为战略规划，旨在满足顾客人力资源的具体需求，进行科学预测，采取有效策略，最终实现双赢。

（二）高星级酒店顾客人力资源发展历程

20 世纪 50 年代，关于高星级酒店顾客人力资源的理论认为，企业最重要的是人力资源，需要在日常的管理工作中注意各种激励措施，调动人力资源管理者的积极性，提高工作效率。这一阶段尚未制定出全面的顾客人力资源战略，且顾客人力资源规划与经营战略不相结合。随着经济的不断发展，直到 20 世纪 80 年代，高星级酒店顾客人力资源管理才进入发展阶段。这一阶段的顾客人力资源管理已经出现了很大的变化，尤其在管理观念以及意识方面更加完善，其内容更加全面，各项功能更细分，实现了顾客人力资源的全面性以及系统化管理。在这个阶段，顾客人力资源部门的工作仍处于被动状态，企业尚未认识到顾客人力资源是重要的战略资源，人力规划的重点是满足商业人才的供需平衡，特别是专业技术人员和管理人员的供需平衡。随着现代人力资源的发展，高星级酒店顾客人力资源管理正逐步成为战略性的管理方式，而作为最重要的人力资源，顾客能够参与企业的管理，非常有利于企业的现代化发展。

三、阻碍高星级酒店顾客人力资源开发的影响因素

（一）高星级酒店人力资源丰富但目标群体细化不够

高星级酒店顾客人力资源对我国酒店行业来说是起步不久的新型人力资源领域。根据推广近况看，其理念没有得到广泛认知，其现状没有得到应有重视，因此，也没有建立完整的顾客人力资源管理系统。高星级酒店顾客人力资源丰富，如政府型的高星级酒店擅长外部行政事务沟通管理，商务型的

高星级酒店擅长内部人力资源管理以及日常的运营管理。有些消费顾客群体对食材、酒水知识更擅长。一些高星级酒店开展诸多顾客关系管理的具体项目，以提高服务质量、改善顾客体验，如满意度调查、电话回访、邀请参加活动等，但没有对顾客管理和数据进行细化分类并深度挖掘，导致这些服务缺乏一致性。究其原因是高星级酒店没有建立共享信息平台，不能保证沟通及时性。有些甚至没有设立客户服务中心，导致顾客无法获得一致的体验，往往给顾客带来疑虑、困惑，影响其满意度和忠诚度。另外，高星级酒店在实施顾客关系管理时没有提出明确的措施，导致转化不力，无法根据顾客感知价值实现差异化体验管理。

（二）高星级酒店顾客人力资源体系不完整

高星级酒店具有丰富的高层次客户资源，这些客户转化为内部的人力资源将是重要的无形资产，可有效帮助挖掘更多的资源，提高整体经济利益。因此，在激烈的市场竞争环境下，高星级酒店若想立于不败之地，就需要快速发展顾客人力资源，并加强管理。目前，大多数高星级酒店企业尚未构建系统的顾客人力资源发展体系，只有一些发展较好的酒店企业借鉴国外的相关理论和经验在积极地探索。对于顾客人力资源管理缺乏指导性的纲领，急需建立完善的人力资源管理制度，从制度层面给予保护和制约。另外，对于质量管理、员工绩效考核、顾客口碑营销以及重要员工外部推介等角色作用发挥并不完善，其作用发挥没有得到全面体现。因此，正是因为高星级酒店顾客人力资源的作用发挥不完善，缺乏有效的系统化发展模式，人力资源发展得不到系统化的指导，发展过程一直处于零散状态。

（三）高星级酒店顾客人力资源开发渠道不畅

全球经济一体化的发展加强了酒店行业的国际交流，很多高星级酒店已经发展成为国际化的连锁品牌，把国内外的众多顾客资源引进酒店，能够在很大程度上加快酒店人力资源的发展。一些大型酒店对此有所认知，甚至开始实施，由于应用推行、人员意识及实务操作匮乏等原因，并没有在酒店企业中予以系统性应用，导致高星级酒店顾客人力资源开发渠道不畅，还没有实现持续性的资源开发，无法让顾客成为外部的重要资源。如很多酒店企业对顾客人力资源管理的重要性认识缺乏，导致开发迟缓；对顾客人力资源的宣传力度不够；对高星级顾客人力资源管理的运用不是特别明晰。

（四）高星级酒店缺少人力资源专业化人才

高星级酒店的发展需要更多的专业化人才。酒店的顾客人力资源管理发展需要相关的管理人才，而管理人员的素质直接影响管理的方方面面。由于顾客人力资源管理对于我国来说是起步不久的新型管理领域，目前，在我国高星级酒店企业中尚无大批从事高星级顾客人力资源管理的专业性人员，已严重影响酒店的进一步发展，这是当前急需解决的问题。

四、高星级酒店顾客人力资源的开发策略

高星级酒店的顾客关系管理与员工的顾客关系管理应融为一体。为发展高星级酒店顾客人力资源，要注重为顾客提供更好的服务，赢得顾客的长久信任，并在取得信任的基础上把顾客转化为酒店自身的人力资源。

（一）对高星级酒店顾客进行细分

高星级酒店的人力资源目标群体为高素质的顾客。顾客分组是非常重要的管理手段，能够有效掌握顾客的质量与数量，要对发展每个顾客的途径有更合理的认识。

顾客细分一般根据顾客价值取向以及顾客群聚进行，允许酒店从更高层次分析整个数据库的顾客信息，这是实现酒店顾客关系管理战略目标的重要手段。

顾客价值是顾客分类管理的基础，不同的顾客对酒店的价值不尽相同。一般来说，高星级酒店数据库存储了大量顾客信息，需要对有用信息进行整

理，建立指标体系对顾客分类进行合理评估，以更好地了解酒店人力资源发展的有效程度，进行更细致的高星级顾客资源划分，帮助酒店更好地了解顾客，找到最有价值的顾客，从而根据顾客群体的行为制定适当的营销策略。同时，要吸引更多潜在顾客并保持关系，满足关键顾客需求，提升顾客忠诚度，从而实现顾客关系管理。

（二）发挥高星级酒店顾客人力资源的多重作用，构建完整体系

高星级酒店建立顾客人力资源体系要在酒店经营管理过程中积累经验，要建立完整的顾客数据资源库，从顾客人力资源的相关数据库中提炼出每类顾客适合担任的人力资源岗位；以每个顾客的人力资源发展为点，构建酒店顾客人力资源的完整体系，发挥高星级酒店顾客人力资源的多重作用，如在质量管理、员工绩效考核、顾客口碑营销以及重要员工外部推介等方面积极探索。同时，进行科学宣传，让酒店员工更好更快地了解顾客人力资源管理的真正内涵，切实贯彻可持续发展理念。另外，加强顾客人力资源管理理论的研究与推广，是高星级酒店获取新的发展模式最基础也是最重要的环节。

（三）拓宽高星级酒店顾客人力资源的开发渠道

高星级酒店顾客人力资源管理在企业中的运用既不同于一般的管理，也不同于单纯的人力管理制度。很多高星级酒店对高星级顾客人力资源管理的运用在不断加强，其开发的渠道也在不断创新，如高星级酒店运用内部告示招募、消费现场、报纸电视招募等，让更多的高星级酒店管理者以及高星级顾客重视这一新型人力资源发展领域。从长远看，加强高星级顾客人力资源管理，有利于酒店自身的建设与发展。高星级酒店要借鉴国外的先进经验，积极拓宽高星级酒店顾客人力资源的开发渠道，加大投入力度，实现对顾客人力资源管理的系统性应用，有助于酒店进一步发展。在实施的过程中，最重要的是顾客体验价值。因此，高星级酒店提供体验产品、服务或环境应以顾客的价值需求为特征，特别是需求的核心价值，以设计起点和目的地的经

验，满足顾客的深刻价值需求，以赢得客户满意。另外，让员工重视高星级酒店顾客的有效资源，建立个性化的顾客服务体系，在企业文化的熏陶中积极影响酒店员工，让他们成为酒店最重要的人力资源。

（四）培养高星级酒店顾客人力资源专业人才

我国酒店行业人力资源体系的建立必须与本国的实际情况相符，高星级酒店顾客人力资源体系的建立也要切合实际。在市场经济环境下，酒店行业的发展需要大量的专业化人才，尤其是高星级酒店顾客人力资源管理的专业人才，需要引进国内外相关领域优秀人才，给予良好的工作生活保障，使其在酒店管理具体的工作中积极实践总结，尽早形成完整的顾客人力资源发展体系，加快酒店行业的这一新领域的发展。另外，要切实提高人力资源管理人员的素质，无论从管理实务还是职业道德方面，只有顾客人力资源管理人员将管理职业道德应用于实际工作中，酒店管理才能树立起良好的工作作风。

第五章　发展视角

宏观视角下社会体系变革与酒店发展的关系

——以杭州索菲特西湖大酒店实习体验为基础的发散式分析

崔佳恒

借用亚里士多德的“形式—质料”理论，笔者认为，酒店作为服务业体系的“形式”而言，单论个体的发展而忽视个体之于整体的存在意义无异于闭门造车。仅仅追求酒店内部关系和外部营销策略，而不注重大环境的“风口”导向，则会陷入了索伦·克尔凯郭尔“个体存在主义”的窠臼，特别是在当下流量经济方兴未艾的时代，更不能忽视甚至割裂宏观经济大环境，脱离对经济大环境的分析。

从宏观视角上看，酒店是依托社会大环境而存在的、与产业链和资金链密切相关的第三产业经济单元个体。笔者结合杭州索菲特西湖大酒店的实习经历，从三个方面对社会体系变革与酒店发展的关系进行阐述。

一、文化冲突下的哲学体系博弈

如果说物理理论是科技发展的基础理论，那么哲学理论的发展则是社会发展的基础理论。从西方毕达哥拉斯学派提出“万物皆数”的思想开始到马克思的辩证唯物主义提出，唯物论成为西方世界发展科技的重要价值导向，为构建近现代的科学理论体系提供了方向性的指导。而这是中国古代经验主义科学最短之处，就像古代的重弩可以达到普通步枪的穿透效果，但综合看，与普通步枪依然存在着鸿沟般的技术代差。笔者认为这或许可以为解答“李约瑟难题”提供一些思路。

以上述理论套用酒店行业的发展思路，尤其是如索菲特之类的外资酒店。作为法国雅高集团旗下的酒店品牌，“索菲特”天然带有文化冲突的特质。就笔者在杭州索菲特西湖大酒店会所酒廊的实习经历来看，该酒店在面向中国客户的同时也成为大量旅居中国的外国顾客的首选，因此，该酒店要在兼顾中外顾客价值取向的同时打响特色品牌，若仅依靠过去的经营模式与经验，必然会被中国本土产业挤压生存空间。所谓“兵无常势，水无常形”的道理自古不变。

再看宏观环境下社会价值的取舍。杭州索菲特西湖大酒店的故乡——法国在 2018 年 11 月中旬爆发持续多个月的“黄背心”运动；与此同时，欧洲的其他主要国家均出现社会层面的制度冲突。参考埃伦·巴里和马克·兰德勒的《脱欧与关门折射西方民主缺陷》[①] 一文，欧美的社会问题所折射的是欧美原有的“赢者通吃”和“简单多数”的价值观念。正如美国德克萨斯大学林登·约翰逊公共事务学院客座教授迈克尔·约翰逊所说的“文化战争已经被边界战争所取代”[②] 一样，中国与欧美为取得发展主导权而进行的价值观博弈将在未来不断上演。

需要注意的是，笔者所表达的博弈是“非零和博弈”，或者按照托马斯·谢林在《冲突的战略》中的定位是合作与竞争共存的“混合博弈”，或者说是“共和博弈”。笔者在杭州索菲特西湖大酒店实习期间，曾注意到业主公司代表与索菲特的法国 GM 就装饰品意见产生分歧：业主公司倾向于增加中国风格的装饰，而法国 GM 认为索菲特的企业文化需要法国的文化氛围。由此可以，对于东西方文化客观存在的差异，杭州索菲特西湖大酒店发展内部

①② 见 2019 年 1 月 22 日《参考消息》《脱欧与关门折射西方民主缺陷》。

文化首先需要在矛盾之中进行选择，在经济发展初期更倾向于欧式风格的人，在现今环境下是否还会喜欢纯粹的欧式风格，值得深思。纵观历史各国的崛起，一个国家的硬实力在飞速增长的同时，必定会形成软实力增长的需求。在对比肯德基企业与汉堡王企业在中国的营销手段后，笔者认为，杭州索菲特西湖大酒店若不能转变发展价值观念，而一味地套用中国发展初期的套路，必将随着中国发展的深入成为价值观老化的牺牲品。

二、经济变革下的产业体系动态

就杭州索菲特西湖大酒店的相关环境而言，经济变革的影响无非是两大方面：一是中国发展进入新常态；二是世界经济发展总体趋于低速水平。从世界范围看经济发展，中美贸易战成为世界经济发展历史的标杆，标志着新兴势力与老牌强国之间的经济矛盾。根据 2019 年 2 月 19 日 WTO 发布的公告，衡量全球商品贸易状况的主要季度性指标在当天降至 9 年来最低，季度性全球贸易景气指数值为 96.3，表明全球贸易增速低于趋势水平，其中，出口订单指数为 95.3，国际航空货运量为 96.8，是 2008 年经济危机以来出现的偏离趋势态势。①

麦肯锡全球研究院（MGI）于 2019 年 2 月发布声明，宣称密集型廉价劳动力发展窗口正在关闭。在逆全球化冲击下，现阶段的贸易开始向区域化转变。MGI 宣称，地区交易的商品额从 2000 年的 51% 下降至 2012 年的 45%，2019 年回升至 47.7%，但依旧低于以往西方经济爆发式增长的全球化水平。同时，全球经济重心的转移，使 2017 年发达国家的服务业贸易顺差达到 4790 亿美元，是 10 年前贸易顺差的两倍。基于此，全球产业链、资金链、供应链都将在一段时间内出现重大调整。根据 MGI 数据显示，用以研发及品牌、软件和知识产权等无形资产的资本化支出从 2000 年占总收入的 5.4%，增加到 2016 年的 13.1%。②

① 见 2019 年 2 月 21 日《参考消息》《世贸称全球商品贸易状况恶化》。
② 见 2019 年 1 月 25 日《参考消息》《科技巨头改变全球实力平衡》。

考虑到互联网经济巨头的崛起，信息时代的高速发展，资本、技术、数据等的积累速度远远高于以往的传统产业。以美国信息公司巨头为例，苹果、谷歌、亚马逊、脸书和微软五巨头其近年年总价值高达 3.5 万亿美元，远远超过英国国内生产总值的 2.6 万亿美元。[①] 科技公司巨头以大数据为依靠完成垄断的前提已经成立，甚至历来鼓吹自由世界的金融巨头乔治 · 索罗斯在 2019 年 1 月 25 日达沃斯论坛上提出了对信息巨头垄断的担忧，宣称该类型信息公司是以“压榨社会环境”而生的垄断组织。

以上是酒店行业所要面临的经济大环境，即经济发展总体下行和信息产业垄断式崛起。因此，笔者认为酒店作为最为传统和古老的服务行业，不仅是宏观经济发展的晴雨表，更是服务业优胜劣汰的直接冲击对象。而笔者在杭州索菲特西湖大酒店实习期间并未感受到其发展路径有任何脱离传统的迹象，对于中国内陆市场的重视程度，远不及同行的战略定位。该酒店客户信息的反馈与网络市场的开拓极度依赖携程等信息平台。而在自媒体时代，固守传统的发展渠道会导致在市场开拓方面丧失先机，尤其在经济普遍出现下行的态势下，若仍然将外国游客作为服务销售的主要增长点，无疑会失去中国内地市场不断膨胀的内需潜力。

三、政治改革下的社会多级发展

杭州索菲特西湖大酒店作为中国国内的外资企业，尤其受到中国经济发展政策导向的影响。杭州市任何发展思路的变动，将直接决定索菲特企业的发展思路。就笔者的实习经历而言，像杭州索菲特西湖大酒店类型的酒店在未来发展中最突出的挑战有三点：一是对于自身的定位或将失去“风口”；二是低技术属性的传统酒店发展模式将会失去宣传力；三是职业准入门槛过低，传统低素质的专职教育已经不适合现今的人才发展需要，劳动密集型的酒店发展模式必将被时代制约。

---

① 见 2019 年 1 月 25 日《参考消息》《科技巨头改变全球实力平衡》。

杭州索菲特西湖大酒店首先要摆正位置，抓住发展机遇，即杭州市将在“前峰会，后亚运”的历史时间段冲刺一线城市的客观事实。杭州索菲特西湖大酒店如果仍沉迷于自身优越的地理位置和外资的品牌影响力，将会被借互联网发展东风而蓬勃发展的杭州市本土第三产业挤压生存空间。根据国家统计局公布的 2019 年第一季度数据显示，我国第一季度第三产业实现增加值 122 317 亿元，同比增长 7%。酒店行业，特别是如杭州市等互联网产业基础较好的地区，数字经济极大地强化了本地第三产业的市场竞争力，而作为索菲特的品牌雅高并非是以互联网技术走强的企业。在互联网时代，掌握信息数据便是掌握舆论宣传的权力，宣传力的缺失，对于索菲特之类普遍缺乏高新人才的老牌酒店是致命的。

在客户对待方面，杭州索菲特西湖大酒店给予笔者的感觉更倾向于海外客户。根据中央的政策导向，在国际经济增长低迷的情况下，未来的中国服务业增长点恰恰来自内需。根据国家统计局数据显示：2019 年全中国居民人均可支配收入达到 28 228 元，同比名义增长 8.7%，扣除价格因素实际增长 6.5%，快于同年人均 GDP 增速。因此，如果失去中国国内的市场受众，该酒店将在杭州市的下一轮发展中面临较大的挑战。

双因素理论视角下酒店实习满意度的IPA分析

——以台州学院旅游管理专业为例

姜琴君

一、引言

顶岗实习是学生体验企业岗位工作的过程，是学生认识社会、适应企业管理要求、练就过硬职业技能、提高综合职业素质、提升就业竞争力，成为符合企业需要的高技能人才的重要过程。顶岗实习作为旅游管理专业学生必须经历的环节，不仅能强化所学的专业知识、技能，从而有效提高职业素养和职业能力，也能在很大程度上帮助学生在实践过程中充分发挥主观能动性，让他们在实际操作过程中熟练掌握工作流程，为日后走向工作岗位打下坚实的基础。学校选择校企合作的方式开展顶岗实习教学活动，为学生提供更多实习机会，进一步培养其专业实践能力。

在实习过程中，对学生实习满意度的影响因素涉及多个方面。王兴琼通过因子分析和多元回归分析发现，影响酒店实习生满意度的显著因素主要有工作报酬、领导水平和培训机会三类。苏建军等发现性别、实习部门领导重视程度对实习生满意度的影响显著，酒店方面所处岗位、受重视程度和同事间的关系对实习满意度的影响也较大。何立萍等从酒店硬件、酒店软件和实习管理三个方面探讨了酒店实习满意度的影响因素。刘秀珍将影响实习满意度的因素分为酒店硬件（如食宿、工资等）、酒店软件（如上司的领导能力、员工的帮助、酒店培训等）和校方管理（包括人际关系处理、与指导教师的沟通以及学校对学生权益的维护等方面）。借鉴以上研究成果，本文以管理学双因素理论为基础，分析学生实习满意度的影响因素，采用重要性—绩效分析法（Importance Performance Analysis，IPA），从实习生视角研究酒店实习对其保健因素和激励因素的满意度，以期为今后旅游管理专业酒店实习的安排及管理提供参考价值。

二、问卷设计与研究方法

（一）问卷设计

赫茨伯格（Herzberg）提出双因素理论，从激励因素（Moti-vation Factor）和保健因素（Hygiene Factor）两方面 16 个因素，总结了对员工满意度的影响。本研究以双因素理论为基础，经过讨论与筛选，通过对相关学者研究指标的筛选及与实习生的访谈，从酒店方和校方两个角度选取了 30 项指标，其中，酒店方 20 项指标，涵盖工作时间、工作强度、住宿条件等 10 项保健因素，加班制度、实习生管培、业余活动等 10 项激励因素；校方 10 项指标，涵盖了专业课程设置、提供实习机会、提供实习期指导等 5 项保健因素，优秀实习生奖励措施、实现经验交流分享、职业发展引导等 5 项激励因素。

问卷设计包括两部分，第一部分为实习概况调查，包括实习酒店、部门、工资等；第二部分为实习前的期望值（重要性）和实习后的满意度调查，采用李克特 5 级量表（5 表示非常重视和非常满意；4 表示重视和满意；3 表示中立；2 表示不重视和不满意；1 表示非常不重视和非常不满意）统计。

（二）研究方法

本研究分析依据酒店实习的各指标数据，以满意度为横轴，以重要性为纵轴，依托重要度和满意度的总均值添加参考线，得出二维坐标图。其中，第一象限的满意度和重要性都较高，为主要优势区；第二象限的重要性较高，满意度较低，为次要优势区；第三象限的满意度和重要性都较低，为主要劣势区；第四象限的重要性较低，满意度较高，为次要劣势区。具体如图 1 所示。

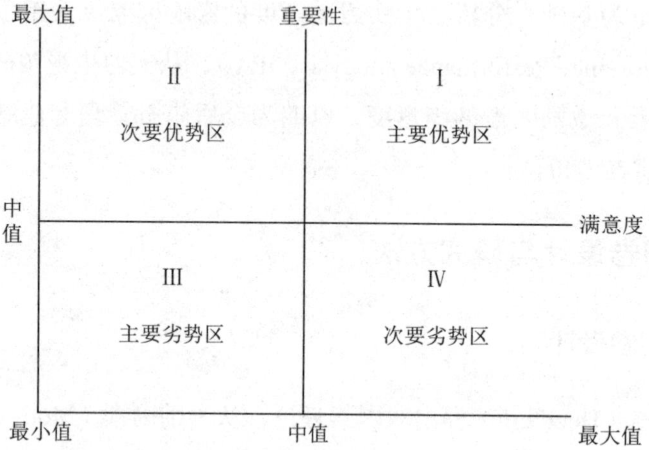

图 1　旅游管理酒店实习满意度—重要性 IPA 分析二维坐标图

三、调查结果分析

（一）样本基本信息统计

本次调查以台州学院 2011—2016 级旅游管理专业学生为研究对象，于 2019 年 5 月通过书面、网络、面谈等形式发放问卷 230 份，回收 226 份，问卷有效率 98.3%。样本基本信息统计如表 1 所示。

表 1　样本基本信息统计表

内容	项目	频数 / 人次	频率 / %		项目	频数 / 人次	频率 / %
性别	男	44	19.5	实习酒店	国际品牌酒店	50	22.1
	女	182	80.5		国内品牌酒店	164	72.6
实习部门	餐饮部	128	56.6		其他	12	5.3
	前厅部	55	24.3	实习月薪	＜ 1400 元		18.6
	房务部	25	11.2		1400~1800 元		57.1
	其他	18	7.9		＞ 1800 元		24.3

由表 1 可知：女生占比远高于男生；实习酒店以国内知名品牌为主；实习月薪集中在 1400~1800 元，占比 57.1%；实习部门多在餐饮部、前厅部和房务部，占比分别为 56.6%、24.3% 和 11.2%。采用 SPSS23.0 对问卷的满意度和重要性数据进行信度分析，测算结果显示：满意度量表整体的信度 Cronbach α 值为 0.969，重要性量表整体的信度 Cronbach α 值为 0.866，均大于 0.5，属可信范畴，可以进行统计分析。

（二）旅游管理学生对酒店实习影响因素的满意度和重要性分析

统计结果显示：酒店实习总体期望值（重要性）均值为 4.335，总体满意度均值为 3.458，且保健因素的均值高于激励因素。如表 2 所示。

表 2　酒店实习影响因素（保健因素—激励因素）对比分析表

内容	保健因素（均值）		激励因素（均值）	
	重要性	满意度	重要性	满意度
酒店方	4.339	3.401	4.271	3.396
校方	4.475	3.618	4.251	3.418

本研究定义字母 I 为实习影响因素的重要性，定义 S 为实习后影响因素的满意度，用 S–I 定义二者之间的差异程度，同时采用配对样本 T 检验法分析两者之间是否存在明显差异。结果显示：30 个指标的 P 值均小于 0.05，即表明二者之间存在明显差异，可进行 IPA 分析。具体如表 3 所示。

表 3　酒店实习满意度配对样本 T 检验结果（P=0.05）

项目	序号	因素名称	重要性（I）		满意度（S）		均值之差	T 值	P 值
			均值	标准差	均值	标准差	（S–I）		
酒店方保健因素	1	基本工资	4.3053	0.81085	2.80	0.968	–1.50885	–18.332	0
	2	工作强度	4.3540	0.68534	2.95	1.057	–1.40708	–17.094	0
	3	工作时间长度	4.3761	0.72121	3.11	1.016	–1.26549	–15.520	0
	4	与部门领导关系	4.2124	0.77690	3.77	0.960	–0.43805	–5.209	0

续表

项目	序号	因素名称	重要性（I）		满意度（S）		均值之差	T值	P值
			均值	标准差	均值	标准差	（S–I）		
酒店方保健因素	5	与同级关系	4.3186	0.73352	4.03	0.909	–0.29204	-3.599	0
	6	用餐条件	4.0841	0.80389	3.50	0.944	–0.58407	–7.133	0
	7	住宿条件	4.2876	0.73123	3.13	1.048	–1.15929	-13.773	0
	8	工作环境	4.3982	0.70604	3.58	0.912	–0.82301	–10.663	0
	9	企业文化	4.3407	0.82937	3.57	0.917	–0.76991	-9.360	0
	10	安全保障	4.7257	0.59997	3.75	0.885	–0.97345	-13.514	0
校方保健因素	11	专业课程设置	4.3274	0.76527	3.61	0.879	–0.72124	-9.337	0
	12	提供实习机会	4.2965	0.88729	3.72	0.938	–0.57965	-6.627	0
	13	提供实习期指导	4.3673	0.86028	3.51	1.025	–0.85841	-9.474	0
	14	提供安全保障	4.6681	0.67367	3.85	0.908	–0.82301	-10.734	0
	15	保障学生法律权益	4.7212	0.65807	3.79	0.964	–0.92920	-11.808	0
酒店方激励因素	16	加班补贴	4.4381	0.77066	3.10	1.064	–1.33628	-15.699	0
	17	工作得到认可	4.4912	0.71331	3.54	.919	–0.94690	-11.730	0
	18	优秀实习生评选	4.1770	0.85614	3.54	0.849	–0.63717	–7.549	0
	19	提供发展机会	4.4469	0.77133	3.25	0.948	–1.19912	-14.664	0
	20	提供培训机会	4.3850	0.85247	3.50	0.935	–0.88496	-10.223	0
	21	就业优先录用	4.3097	0.85458	3.53	0.981	–0.78319	-9.032	0
	22	就业可免试用期	4.3628	0.82798	3.46	0.967	–0.89823	-10.549	0
	23	实习生管培制度	4.3938	0.77732	3.45	0.947	–0.94690	-11.523	0
	24	业余活动	3.9735	0.95182	3.36	0.989	–0.61062	-6.551	0
	25	实习座谈会	3.7788	0.97283	3.40	0.980	–0.38053	-4.030	0
校方激励因素	26	优秀实习生奖励措施	4.3274	0.83205	3.26	1.041	–1.06637	-11.993	0
	27	职业发展引导	4.4027	0.82827	3.36	1.007	–1.03982	-11.628	0
	28	领导、教师巡视调研	4.1504	0.88163	3.65	0.975	–0.50442	–5.482	0
	29	实习经验交流分享	4.2257	0.93688	3.64	0.980	–0.58850	-6.321	0
	30	特殊个体奖励措施	4.1549	0.91306	3.27	1.024	–0.88938	-9.624	0

（三）IPA 分析

根据各指标数据，以满意度为横轴，以重要性为纵轴，在重要性和满意度的总均值处分别添加参考线，得出二维坐标图。根据表 3 数值，绘制出旅游管理酒店实习 IPA 定位分析矩阵图。如图 2 所示。

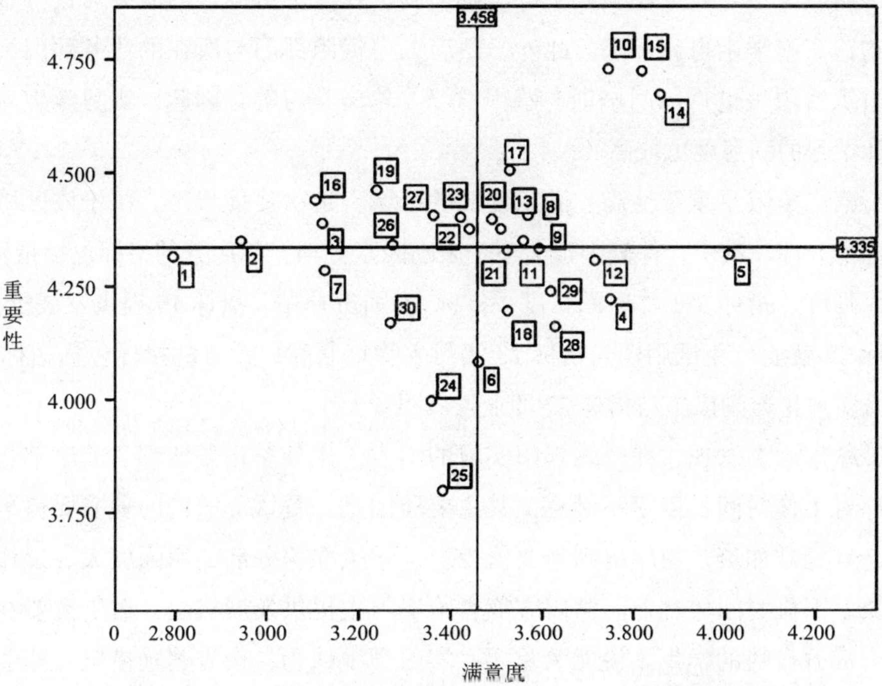

图 2　旅游管理酒店实习满意度—重要性 IPA 分析矩阵图

第一象限是重要性和满意度都较高的区域，是酒店实习满意度的主要优势区。位于该区域的指标计 8 项，其中，保健因素 6 项、激励因素 2 项。酒店方的指标包括指标 8 工作环境、指标 9 企业文化、指标 10 安全保障、指标 17 工作得到认可与指标 20 提供培训机会。校方的指标包括指标 13 提供实习期指导、指标 14 提供安全保障与指标 15 保障学生法律权益。校方选择的是有品牌、有保障的酒店，因此，在企业文化方面学生的满意度都较高。此外，大部分实习学生选择的都是一线部门，如前厅部、餐饮部、房务部等，工作环境相对较好。通过对实习学生的访谈发现，酒店安全设施较为完备，酒店方与校方皆为学生提供了安全保障，因此，学生满意度和重要性都较高。大多数实习学生在刚进入酒店时，由于需适应环境以及与不熟悉的人相处，酒店方往往会提供实习期的指导，因此，学生较为满意。在工作中有突出表现者，酒店方会与校方反馈并予以奖励措施。在法律方面，酒店方与校方签订合约，实习学生得到保障。此外，酒店人力资源部门与所在的业务部门会经常组织实习生进行部门培训、课程学习、轮岗学习等，因此，实习学生对培训和学习的满意度也较高。

第二象限是重要性高、满意度低的区域，是次要优势区。位于该区域的指标计 8 项，其中，保健因素 2 项、激励因素 6 项。酒店方的指标包括指标 2 工作强度、指标 3 工作时间长度、指标 16 加班补贴、指标 19 提供发展机会、指标 22 就业可免试用期与指标 23 实习生管培制度，校方的指标包括指标 26 优秀实习生奖励措施与指标 27 职业发展引导。

通过调查发现，在一线部门实习的学生，尤其是在餐饮部、前厅部、房务部对工作时间长度很不满意。其主要原因是：餐饮部的自助餐需要提早上班，且经常加班；前厅部则需要值夜班；学生在房务部工作强度大、工作时间长、下班时间较晚等。酒店方能否给实习生提供发展机会，对于需要在实习中提升自我的学生来说尤为重要。实习学生认为，校方奖励措施与职业指引的重要性较高，但对其满意度较低，因此，校方在这两个方面做得还不够完善，未能对学生给予帮助。

第三象限是重要性和满意度都较低的区域，是主要劣势区。位于该区域的指标计 5 项，其中，保健因素 2 项、激励因素 3 项。酒店方的指标包括指标 1 基本工资、指标 7 住宿条件、指标 24 业余活动与指标 25 实习座谈会，校方的指标包括指标 30 特殊个体奖励措施。

根据上述指标对实习生进行访谈发现，他们普遍认为自己的工作量与正式员工相当，但薪酬与正式员工却相差较大；同时，酒店对实习生重视不够，激励措施少，沟通方式和沟通数量较少，普遍认为酒店方召开的实习座谈会对实习工作未能产生积极影响。校方的评价指标中没有对特殊个体的奖励措施。

第四象限通常被看作重要性低、满意度高的维持区域，是次要劣势。位于该区域的指标计 9 项，其中，保健因素 5 项、激励因素 4 项。酒店方的指标包括指标 4 与部门领导关系、指标 5 与同级关系、指标 6 用餐条件、指标 18 优秀实习生评选与指标 21 就业优先录用。校方的指标包括指标 11 专业课程设置、指标 12 提供实习机会、指标 28 领导、教师巡视调研与指标 29 实习经验交流分享。其中，指标 11 专业课程设置接近第一象限，指标 6 用餐条件接近第三象限。

通过调查发现，实习酒店提供的饮食包括酒店员工饮食及宿舍区域员工饮食，满意度较高，但他们认为这些方面对其酒店实习的意义影响不大，因此，重要性不高。实习生与部门领导及同级关系处理比较得当，因此，满意度较高。同时，酒店会进行优秀实习生评选，就业优先录用的政策优惠对学生鼓励力度较大，因而满意度较高。但学生毕业工作的选择多样化，因而重要性较低。校方的专业课程设计和提供实习机会对实习生来说也较为满意，但普遍认为重要性较低。

综上所述，台州学院旅游管理专业酒店实习工作有许多需要改进的地方，实习满意度的提升需要学校、学生、酒店三方共同努力，才能促进实习系统的可持续发展。

四、建议

（一）多方协调，确保保健因素的满足

学校要加强与实习基地的联系沟通，对基地运行情况进行检查、评估，构建长效合作机制。在选择实习基地时，不仅要考虑酒店的星级标准，还要考虑其规范性、影响力、信誉程度和配合程度等，并与之签订规范的合同，以保障实习学生的权益。对于薪酬福利方面，应争取提高到合理的水平，尽

可能实现同地区同等级酒店的同工同酬，避免因薪酬福利的差异导致实习学生的不满。酒店应根据实习学生的个性特点合理安排工作岗位，科学安排工作时间和工作强度，注重实习生住宿条件的改善。

学校应加强实习管理，加强与学生的沟通。加强与酒店的沟通，实现专业课程设置与实习工作职业标准全面对接，建立企业深度参与人才培养方案制定、专业建设、课程开发师资队伍建设、实训基地建设等校企合作机制。实习期间派专业教师进行跟踪指导，确保学生能高效愉快地完成实习工作。加强与家长的沟通，争取家长的更多认同和支持。

（二）完善机制，发挥激励因素的作用

酒店应将实习生管理纳入酒店人力资源的战略体系，重视实习生的发展。酒店应该完善反馈机制，加强与实习生的沟通。一方面酒店应切实了解实习生的需要，从物质层面提高其薪酬福利，从非物质层面体现人文关怀，增强其归属感；另一方面可考核推举表现非常优秀的实习生到酒店管理层学习，培养其作为管理者候选人，从长远角度为酒店管理人才职业化建设培养职业化人才队伍。

学校与实习单位协同育人，帮助学生迅速建立起职业人格。

首先，提高职业技能。不仅要加强专业能力的培养，还要让学生学会和客户沟通，在实习中不断克服困难，学会适应实习单位的环境氛围等。

其次，提高专业素质。在实习岗位筛选及安排上，与专业相结合进行分配，实习的全过程要加强专人指导，让学生在得到锻炼机会的同时其积累的专业知识也能用于实践。

最后，提高人格素养。实习过程中加强对学生的引导，让学生心理上和情绪上顺利过渡，特别是在具体的操作过程中要给予指导和帮助，从而帮助学生克服困难，树立自信心。此外，争取让酒店为实习生提供 2~3 个岗位的轮换，这样既能让实习生能全面地了解酒店，也有助于提高实习生的工作积极性。

（三）理性对待，正视实习工作的价值

实习是大学生实现身份转变的一个过渡期，对于大学生成长成才至关重要。作为实习的主体，大学生应端正自身态度，合理规划利用实习。

第一，要充分认识实习的价值。实习的真正目的是在实践中学习，如工资是次要的，树立学习意愿、增强能力可塑性、培养沟通协调能力是实习的核心素养，获得新认知、获得好履历才是关键。

第二，要学会客观全面地审视自我。通过科学的方法、手段，对个人的理想信念与能力态度进行综合分析，充分认识自身的长处与不足，为将来的职业生涯打下牢固的基础。

第三，要客观分析行业实际和社会现实。在实习阶段着手职业生涯规划，明确自身将来求知和努力的方向，将有利于结合社会需要重组建构自身的知识体系和能力体系，有利于自身能力素养整体效能的充分发挥。

后 记

6个月的酒店顶岗实习虽然不长，但对师生都是一次洗礼，不仅是身体上的，更是心理上的。

如果说学生在学校的所学、所习、所感、所悟是其一生宝贵的财富，那么，实习是他们走出象牙塔步入社会的开端，是他们进入社会前所积累的“第一桶金”。“第一桶金”的积累虽然充满着酸甜苦辣，但让他们从中学到了很多知识，增强了交流沟通技能，培养了良好的心理素质和临场应变能力，提高了处理各种突发状况的能力，收获了不少社会经验，有利于其真正走出校门时能很快融入社会。对于老师来说，经常联络、不时地指导与看望都是一种责任与牵挂。

最后，感谢为本书提供支持与帮助的各位领导与同人，也感谢为本书提供案例、感悟与研究报告等的台州学院学子们。

姜琴君

2020 年 8 月